천부경의 발견

운문에 도움 주신 분_ 강진기, 김동구, 김춘수, 김혜란, 남두열, 서은희, 엄재록, 이태영, 최동용, 한병택

천부경의 발견

1판 1쇄 발행 _ 2017년 5월 10일

글쓴이 _ 주우宙宇 〈질의_ 흰빛〉

펴낸 곳 _ 빛

발행인 _ 흰빛 백지현

기획 및 본문 편집 _ 박주우 엄재록 김동구

표지 사진 _ 화인 엄재록

표지디자인 _ 일치 김동구 · 화인 엄재록

문의 전화 _ 0505-875-8080

주소 _ 충남 아산시 음봉면 음봉로 567, 124-1102

웹사이트 _ syn.kr

가격 _ 12,000원

ISBN _ 978-89-98246-20-4(03150)

이 도서의 국립중앙도서관 출판예정도서목록(CIP)은 서지정보유통지원시스템 홈페이지(http://seoji.nl.go.kr)와 국가자료공동목록시스템(http://www.nl.go.kr/kolisnet)에서 이용하실 수 있습니다.(CIP제어번호: CIP2017009963)

천부경의 발견

지은이 주우宙宇

빛

天符經

　　　　　　一始無始

綜合　　⊖ 一析三極① 無盡② 本③　　　　天一一
原理　　⊕ 一積十鉅(1) 無匱(2) 化三極(3)　地一二
　　　　　　　　　　　　　　　　　　　　人一三
　　　　　　　　　　　　　　　　　　　　天二三
　　　　　　　　　　　　　　　　　　　　地二三
　　　　　　　　　　　　　　　　　　　　人二三

儒　　　⊖ 大三極 合六 生七八九①
易理　　⊕ 運三極 四成 環五十(1)

佛　　　⊖ 一妙衍 萬往萬來②
法理　　⊕ 用變 不動本(2)

仙　　　⊖ 本心 本太陽③　　　　⊖ 誤路, 洛書
心理　　⊕ 昻明 人中天地一(3)　　　　miccha
　　　　　　　　　　　　　　　　⊕ 正路, 河圖
　　　　　　　　　　　　　　　　　　samma

　　　　　　一終無終　　　⊖ 內有神靈-外有氣化
　　　　　　一　　　　　　⊕ 不然其然-各知不移

풀어쓴 천부경

   각자의 자기 정체성이 시작하나 그 시작이 없습니다.
   각자의 존재됨됨이가 천지에 알려지고 이에 따라 자신을 자각하도록 돕는 인간사가 펼쳐지는데, 이를 깨닫지 않으면 끊임없이 이 외부현상이 주는 메시지가 지속합니다. 하지만 이를 깨달아 각자의 존재 상태가 수행을 통해서 한 걸음씩 단련되어 완전한 존재로 성장해간다면 기회를 놓치지 않고 소명을 완수해냄으로써 결국 천지와 완벽하게 동조하는 존재로 승화합니다.
   다시 말해 자신을 자각하도록 도우려고 펼쳐진 외부현상을 오히려 탐진치로 대한다면 악화하여 완고해지고 결국 돌이키기 어려운 심각한 사건이 벌어지고 맙니다. 하지만 이를 깨달아 그런 외부현상을 자신의 거울로 삼고서 자기를 완성해가면 결국 양면성을 다루고, 남을 잘되게 하는 홍익하는 존재가 됩니다.
   그런데 각자의 존재됨됨이가 매우 오묘하게 펼쳐지므로 자신이 알아채지 못할 정도로 오만가지 외부현상이 오갑니다. 하지만 이를 깨달아 외부의 모습을 자신이 변화할 기회로 활용한다면 외부현상에서 자신의 소명을 알아내고야 맙니다.
   그런데 하늘이 주는 소명을 감추므로 그 소명이 감춰진 강력한 사건이 발생하고 맙니다. 하지만 이를 깨달아 투명성이 높아진다면 남을 일깨우는 데 천지와 협업하게 됩니다.
   각자의 자기 정체성이 끝나나 그 끝이 없으며, 또 다른 정체성이 시작됩니다.

차 례

들어가면서 ... 8

천부경의 구조 ... 13
  도입부·본문·종결부의 구조 ... 16
  본문의 세간과 출세간 구조 ... 19
    ⊙ 天一一地一二人一三 天二三地二三人二三 ... 20
    ⊙ '극(極)'에 관하여 ... 23
    ⊙ 세간⊖과 출세간⊕의 구조 ... 26

도입부와 종결부 ... 33
  일(一) ... 34
  일시무시(一始無始) ... 40
  일종무종(一終無終) ... 46
  일(一) ... 48

본문 ... 51
  2문단
    ⊙ 大三極 合六 生七八九 ⇒ '一析三極' ... 62
    ⊙ 運三極 四成 環五十 ⇒ '一積十鉅' ... 83
  3문단
    ⊙ 一妙衍 萬往萬來 ⇒ '無盡' ... 119
    ⊙ 用變 不動本 ⇒ '無匱' ... 128

4문단
- ⊙ 本心 本太陽 ⇒ '本'   136
- ⊙ 昻明 人中天地一 ⇒ '化三極'   151

1문단
- ⊙ 一析三極 無盡 本   169
- ⊙ 一積十鉅 無匱 化三極   195

나가면서   218
- 부록: 해원상생 자료   226

〈일러두기〉
본문에서 '존재상태'는 존재됨됨이인 '선택에 따른 존재상태'의 준말입니다.
'현상이 더 높게 변화한다'는 의미에서 승화의 한자를 '昇化'로 씁니다.
일부 내용은 『신과 나눈 이야기』 시리즈(이하 『신나이』)에서 참고했습니다.

들어가면서

반갑습니다.

그동안 저는 2,500년 전 중국에 전해진 죽간(竹簡) 노자를 재구성해서 풀어낸 『노자의 발견』 그리고 2,500년 전 인도에 전해진 붓다의 원음인 니까야(Nikāya)를 풀어서 재구성한 『붓다의 발견』을 저술했습니다. 이제 저는 최소 5,000년 전부터 이 땅에 전해져온 천부경의 숨겨진 수수께끼를 풀었습니다.

결과적으로 보면 천부경은 죽간노자와 니까야를 체득하지 않고는 풀기 어려운 구조로 되어 있습니다. 이런 천부경의 참모습을 알아볼 기회가 저에게 주어졌다는 사실에 책임을 중하게 여기며, 작년 말에서 올해 초에 걸쳐 풀어낸 천부경의 내용을 공유합니다. 이렇듯 봉인이 풀린 우리 고유의 천부경이 모쪼록 우리 민족과 인류에 도움되길 바랍니다!

그런데 천부경에는 세상을 좌지우지하고 마음대로 할 수 있는 대우주의 원리라는 특정 비밀이 숨겨져 있는 것이 아니라 우리 각자가 '그림자 통합(shadow integration)'을 통해 홍익하는 사람으로 성장할 수 있는 수행 원리가 제시되어 있습니다. 이 원리가 바로 단군신화의 비밀이기도 합니다.

천부경은 전체적으로 철저하게 대구와 유기적인 구조로 구성되어 있고, 특히 본문의 4개 문단은 각각 수행하기 전과 후로 나누어져 있으며, 대전제의 1문단부터 구체적 결론의 4문단까지 단계적인 맥락으로 짜여 있습니다.

하지만 주의할 점은 다수가 전체 81자 중에 31개나 차지하는 숫자에 비밀이 숨겨져 있으리라 여기지만 본문 둘째 문단을 빼고는 수리(數理)가 아니라는 사실입니다.

5,000년 전 이 땅에 전해져온 천부경의 수수께끼를 무시하고 해석했는데, 재발견된 이 천부경에서 특별히 주우님께 도움된 점이 있나요?

천부경 해석을 통해서 제게 도움된 것은, 역학(易學)에서 一의 상대적인 의미로 二가 생기고, 二가 생기는 과정에서 三이 나오며, 三의 균형을 맞추기 위해 四가 도출되는 이 메커니즘에서 四가 엄청나게 중요하다는 것을 지금까지는 잘 몰랐었는데, 이번에 바로 이 '四'가 평소 해오던 그림자 작업과 관련이 있다는 사실을 알게 되었다는 점입니다.

제가 서방(西方) 4·9金이 가을에 결실되고 소위 신이 거두어들이는 열매가 되기 위한 진실(眞實)을 상징한다는 점은 알고 있었는데도 옛날에는 왜 이런 식으로 접근해보지 않았는지 점검해보기도 했네요. 여하튼 四가 그림자 통합과 연결된다는 것을 이 과정에서 깨닫게 되어 무척 기쁩니다.

네 저도 숫자 4는 죽을 사(死)로 연결되어서 '무섭다'가 뇌리에 박혀 있어요. 실제로 4동 4층 4호 표시를 꺼리는 병원을 자주 보았는데요. 4는 죽음의 숫자로 두려움의 환상 구조물이죠. 그런데 천부경에서는 그 四가 엄청나게 중요하다니 제겐 충격이군요.

그리고 모두가 진리는 가까이 있다고 하는데, 천부경을 통해서 이것을 진짜 실감할 수 있게 됩니다. 천부경을 제대로 알게 되면 고상한 외국의 철학을 찾아 돌아다니지 않아도 됩니다. 우리의 천부경에 단군신화의 숨겨진 진실, 붓다의 연기(緣起), 동학의 시천주(侍天主), 노자의 무위(無爲), 하도(河圖) 낙서(洛書), 칸트의 비판철학, 화이트헤드의 과정철학 이런 사상의 정수가 압축해서 상징적으로 들어 있기 때문입니다. 더군다나 본(本)이 대체할 것이므로 용한 스승을 찾아다니지 않아도 됩니다.

이를테면 우리가 소풍을 가면 대부분 보물찾기를 하죠. 그러면 진짜 괜찮은 보물을 찾는다고 깊숙이 찾아 헤매지만, 나중에 보면 보물이 꼭 그런 데 있지는 않거든요. 귀중한 것이 있지 않을 법한 허술한 곳에 보물이 숨겨져 있곤 하죠. 그래서 보물을 찾으려면 발상의 전환이 필요합니다.

마찬가지로 천부경에 대해서도 "누구나 다 접할 수 있고 81자밖에 안 되는데 뭐 심오한 게 있을 수 있겠어?" "에이! 보니까 몇 글자 빼놓고 다 아는 글잔데 뭐 특별한 게 있겠어?"라며 무시할만합니다. 그러나 실제로 확인해보면 보물 같은 내용이 들어있음을 알 수 있습니다.

그리고 천부경은 대우주(大宇宙)가 아니라 가장 가까이 있는 자기 자신의 정체성에 대해서 깨닫게 해주므로 '진리는 (바로 내 주위에) 가까이 있다'는 점도 실감하실 겁니다.

그리고 천부경은 군더더기 없이 핵심이 짧게 정리되어 상징적인 숫자로 잘 함축되어 있으므로 암기하기가 편리합니다. 그래서 연상하기 쉬우므로 누구나 현실에 닥쳤을 때 곧바로 적용할 수 있습니다. 비록 길이는 짧으나 활용 폭은 넓으므로, 천부경을 삶에 적용한다면 다른 어떤 것들보다 더 효과가 있으리라고 확신합니다.

　이 말을 듣는 순간 전 기시감에 빠져들었습니다. 제가 20대 때 '전쟁이 나서 지금 당장 무인도로 피난해야 하는데 3가지만 들고 갈 수 있습니다. 당신이 들고 뛸 3가지는?'이라는 설문에 성서, 먹을 것, 침낭이라고 생각했는데, 성경책이 짧고 가벼웠으면 했지요. 나중에 공부한 원어성서도 너무 두껍고 무거워 '그것 중 어느 것을 들고 뛰어야 하지? 그래도 요한복음이지'라며 고민했고, 10권의 『신나이 시리즈』 중에서도 『신과 나누는 우정』인데, 가벼웠으면 했죠. 최근에는 책상 주변에 그득히 쌓인 두꺼운 양장본의 니까야를 보고도 그 질문이 떠올라 '에효~' 했으며, 『붓다의 발견』 출판 때도 저는 읽기도 어려웠지만 그래도 들고 뛰어야 하니 좀 가벼웠으면 하는 바람이 있었지요. 그런데 이 천부경은 단 한 쪽이라니 세상에 이런 일이! 30여 년의 바람이 이루어져 감격입니다! 게다가 81자이므로 외우면 내 안에 있으니 들고 뛸 필요도 없다니요…. 참으로!

　쌍윳따니까야(S12:65)는 어떤 이가 옛사람이 살았던 멋진 도시와 길을 발견한다면 그 도시를 재건하듯이, 붓다도 옛날에 깨달은 분들이 걸었던 팔성도를 실천해서 재정립했다고 했습니다. 이처럼 저도 죽간노자와 붓다의 가르침을 재구성했고, 천부경을 현대에 잘 적용할 수 있도록 했습니다.

그리고 붓다께서 유일하게 참고했던 과거에 깨달은 분의 글이 바로 천부경이라고 저는 확신합니다. 많은 분이 천부경이야말로 가장 오래된 고대의 지혜가 담긴 진리라고 하는데, 그럴만하다는 것을 실감하게 되실 겁니다.

사실 저는 과거에 천부경을 우습게 봤었는데, 천부경의 내용이 절대 만만하지 않습니다. 이 심오한 천부경이 다른 분들의 삶도 상승하게 하는 기회가 되었으면 합니다.

그래서 과거 환웅 시절 단군신화의 내용대로 수행을 통해 인간에게 들어있는 짐승의 속성을 극복해서 사람이 됨으로써 전 세계의 문화를 주도했듯이, 지금도 이 땅의 구성원들이 천부경을 삶에 잘 적용해서 실력을 갖추게 되면 이 땅의 문화가 융성해지고, 그러면 김구 선생님께서 그토록 바랐던 문화 강국이 실현되어 인류의 모범이 될 것이라고 저는 확신합니다.

불재에서 주우

천부경의 구조

一 始 無 始 一 析 三 極 無
盡 本 天 一 一 地 一 二 人
一 三 一 積 十 鉅 無 匱 化
三 天 二 三 地 二 三 人 二
三 大 三 合 六 生 七 八 九
運 三 四 成 環 五 十 一 妙
衍 萬 往 萬 來 用 變 不 動
本 本 心 本 太 陽 昂 明 人
中 天 地 一 一 終 無 終 一

천부경의 수수께끼를 풀려면 전체 구조를 파악하는 것이 관건이었을 텐데요. 이제 본격적으로 천부경의 구조에 대해 설명해주시죠.

제가 천부경을 제대로 풀 수 있게 된 것은 얼마 전 원본에 가까운 죽간노자와 붓다의 원음인 니까야를 번역하면서 훈련된 덕택이라고 여겨집니다.

특히 죽간노자를 풀이해보면 제대로 된 글들은 대부분 일정한 구조로 되어 있음을 알게 됩니다. 그래서 맥락과 대구를 통해서 구조를 파악해내지 못하면 내용을 제대로 이해하기가 어렵습니다. 이 덕택에 대구와 맥락 찾아내기 훈련이 되었어요.

그다음 붓다의 원음인 니까야를 (기존에 번역되어 있으나) 일부 새로 번역하고 구성해서 출판하면서 체득된 연기(緣起)의 내용이 천부경의 구조를 파악하는 데 엄청나게 도움되었습니다.

하지만 처음에는 어려웠던 점이 있었습니다.

> 그랬군요. 어떤 점이 어려웠나요?

그 이유는 천부경에 숫자가 31개나 있다 보니 처음에는 수리(數理)로 접근했기 때문입니다. 이 숫자에 비밀이 있으리라고 생각했지요.

> 맞아요. 저도 숫자가 많으니 수리에 비밀이 있을지도 모른다는 생각을 했어요. 천부경의 여러 해석을 보면 거의 수리로 풀었더군요.

그래서 저도 숫자를 중심으로 한 보름 정도 맥락을 파악해보려고 접근하기 시작을 했는데 잘 풀리지 않았습니다. 나중에 보니까 그게 큰 오류였음을 알게 되었지요. 천부경을 푸는 데 있어서 수리로 접근하면 절대 도움되지 않습니다. (단 두 구절만 수리로 되어 있습니다. 이 부분은 나중에 설명하겠습니다.)

그래서 수리적 접근을 멈추자 전체 맥락이 보이기 시작했습니다. 특히, 天一一地一二人一三과 天二三地二三人二三 이 두 구절을
<small>천일일 지일이 인일삼　　　　천이삼 지이삼 인이삼</small>
따로 떼놓고 보니까 아주 간단한 구조가 되면서 대구들이 보여서 공통 부분끼리 짝짓기 시작했죠. 그래서 이 두 구절을 빼고 보면 앞부분에 一析三極 無盡本과 一積十鉅 無匱化三이라는 두 개의 구조
<small>일석삼극　 본　　일적십거　 무궤 화삼</small>
가 나왔습니다.

여기에는 一析三極-一積十鉅, 無盡-無匱라는 대구가 도움되었죠. 그리고 이 구조에 맞춰서 그다음 문단을 보고 또 그다음 문단을 맞춰 보니까 문단 간에 연결고리가 보이기 시작했습니다. 그러면서 어떤 틀이 있겠구나 싶어서 大三-運三, 無盡本-不動本의 대구와
<small>대삼　운삼　무진본　 부동본</small>
本心-本太陽의 맥락에 도움받아서 더 깊이 살펴보니 놀라운 대구와
<small>본심　본태양</small>
맥락으로 이루어진 전체구조를 파악하게 되었습니다.

天一一 地一二 人一三과 天二三 地二三 人二三을 천부경 전체에서 과감하게 따로 떼어 놓은 것이 획기적 발상으로 보입니다. 덕택에 대전제를 이끄는 선두 문단이 확 드러나고, 대전제의 문단이 이해되니 나머지 문단이 보이면서 쉽게 문단을 나누셨다는 말씀으로 들립니다. 이런 게 주우님이 죽간노자와 붓다의 원음인 니까야를 공부하며 터득한 비법이라고 여겨집니다.

도입부·본문·종결부의 구조

도입부　　　一始無始

본문　1문단　　一析三極① 無盡② 本③　　　天一一
　　　　　　　　　　　　　　　　　　　　　地一二
　　　　　　　　　　　　　　　　　　　　　人一三
　　　　　　一積十鉅(1) 無匱(2) 化三(3)　　天二三
　　　　　　　　　　　　　　　　　　　　　地二三
　　　　　　　　　　　　　　　　　　　　　人二三

　　　2문단　　大三合六 生七八九①
　　　　　　　運三四成 環五十(1)

　　　3문단　　一妙衍 萬往萬來②
　　　　　　　用變 不動本(2)

　　　4문단　　本心 本太陽③
　　　　　　　昻明 人中天地一(3)

종결부　　　一終無終
　　　　　　一

16　천부경의 구조

위에서 보듯이 천부경은 먼저 도입부에 해당하는 一始無始와 종결부 一終無終 一이 있고 72자로 된 본문이 있는데, 이 본문은 네 개 문단으로 나뉩니다.

> 본문을 4문단으로 가르면서 드디어 천부경 전체의 뼈대가 드러났군요. 나열되어 있던 81자가 일목요연하게 정리되어 전체 맥락이 한눈에 쏙 들어오며 하나의 퍼즐이 완성된 것처럼 보여요. 신기하네요.

그런데 본문의 네 개 문단은 특정 구조로 되어있습니다. 이것은 대구(對句)와 연관된 단어의 맥락 관계를 통해서 알 수 있습니다.

이를테면 해석되지 않는 구절이 있으면, 먼저 대구가 되는 구절을 해석해 본 후 그 해석을 참고하면 도움됩니다. 즉 특정 구절끼리는 서로 통하는 연결고리가 있다는 것입니다. 이것은 우리가 하루의 아침·낮·저녁·밤 구조와 일 년의 봄·여름·가을·겨울 구조를 서로 빗대어 참고해보고, 가정사(家庭事)와 국가사(國家事) 나아가 우주사(宇宙事)를 서로 참고해보듯이 연관된 단어들의 맥락 관계를 유추(類推)해서 해석해본다는 겁니다.

그래서 문단 간의 연관관계를 살펴보자면 첫째 문단인 一析三極 無盡本 一積十鉅 無匱化三은 전체의 큰 그림을 그려주는 대전제를
일석삼극 무진 본 일적십거 무궤 화삼
나타내고, 그다음 둘째 셋째 넷째 문단은 이 첫째 문단을 하나씩 하나씩 자세하게 부연해서 설명해주고 있습니다.

좀 더 자세히 설명하면 一析三極 無盡 本은 둘째 셋째 넷째 문단의 앞 구절이, 그리고 一積十鉅 無匱 化三은 둘째 셋째 넷째 문단의

뒤 구절이 차례로 풀어서 설명해주고 있습니다.

구체적으로 一析三極①이 어떤 의미인지를 둘째 문단의 앞 구절인 大三合六 生七八九가, 그다음에 無盡②은 셋째 문단의 앞 구절인 一妙衍 萬往萬來가, 그리고 本③은 넷째 문단의 앞 구절인 本心本太陽이 대응해서 설명해주고 있습니다.

① 一析三極 ⇐ 大三合六 生七八九
② 無盡 ⇐ 一妙衍 萬往萬來
③ 本 ⇐ 本心 本太陽

그다음에 一積十鉅(1)가 어떤 의미인지를 구체적으로 둘째 문단의 뒤 구절인 運三四成 環五十이, 그다음에 無匱(2)는 셋째 문단의 뒤 구절인 用變 不動本이, 그리고 化三(3)은 넷째 문단의 뒤 구절인 昻明 人中天地一이 대응해서 설명해주고 있습니다.

(1) 一積十鉅 ⇐ 運三四成 環五十
(2) 無匱 ⇐ 用變 不動本
(3) 化三 ⇐ 昻明 人中天地一

이처럼 천부경의 본문 구조는 첫째 문단이 천부경의 핵심원리를 전제하고, 나머지 세 문단은 이 첫째 문단을 더욱 잘 이해할 수 있게끔 잘라서 자세히 반복해서 풀어 설명해주고 있습니다.

본문의 세간⊖과 출세간⊕ 구조

天 符 經

　　　　一始無始

|綜合
原理| ⊖ 一析三極① 無盡② 本③
⊕ 一積十鉅(1) 無匱(2) 化三極(3) | 天一一
地一二
人一三
天二三
地二三
人二三 |

儒
易理
⊖ 大三極 合六 生七八九①
⊕ 運三極 四成 環五十(1)

佛
法理
⊖ 一妙衍 萬往萬來②
⊕ 用變 不動本(2)

仙
心理
⊖ 本心 本太陽③
⊕ 昂明 人中天地一(3)

⊖ 誤路, 洛書　miccha
⊕ 正路, 河圖　samma

　　　　一終無終
　　　　一

⊖ 內有神靈-外有氣化
⊕ 不然其然-各知不移

⊙ 天――地―二人―三 天二三地二三人二三

이제 앞에서 잠시 따로 떼놓았던 두 구절을 살펴보겠습니다.

이 두 구절은 천부경의 전체 구조를 파악하는 데는 혼선을 주지만, 본문 내용을 이해하는 데는 아주 유익한 단서를 제공합니다.

위의 두 구절을 자세히 살펴보면 이중구조로 되어있음을 알 수 있습니다. 하나는 天―地―人―과 天二地二人二이고, 다른 하나는 天―地二人三과 天三地三人三입니다. 전자는 天地人의 내적 상태를 나타내고, 후자는 天地人이 외적으로 작용하는 양상을 나타냅니다.

먼저 앞부분 天―地―人― 天二地二人二에 관해 살펴보면,

반야모드 天―地―人―
협업모드 天二地二人二

앞 구절의 공통분모가 一이고 뒤 구절은 二이므로 天地人 전체가 '一'에서 '二'로 바뀌었음을 알려줍니다. 이는 天地人이 '一'이라는 상태에서 '二'라는 상태로 상승하였다는 것을 상징적인 숫자로 알려줍니다.

여기서 수행을 완성하기 전의 모습을 상징하는 '一'은 신(神)이 수행을 시작하지 않거나 시작한 사람으로 하여금 자각(自覺)하도록 돕는 프로젝트가 진행되고 있는 '반야(般若) 모드'(붓다께서 언급하는 반야

띠paññatti도 수행인으로 하여금 반야를 체득하도록 도우려고 세간의 개념으로 설정했던 방편임)이고, 수행을 완성함으로써 상승한 모습을 상징하는 '二'는 수행을 완성한 주인공과 함께 신이 타인들로 하여금 자각하도록 공조(共助)하는 프로젝트가 진행되고 있는 '협업(協業) 모드'임을 알려줍니다.

그다음 뒷부분 天一地二人三 天三地三人三에 관해 살펴보면,

반야모드 天一地二人三
협업모드 天三地三人三

앞 구절은 一~二~三이라는 서수(序數)이므로 天地人이 순서대로 발생함을 알려줍니다. 뒤 구절은 天地人이 三=三=三이라는 같은 숫자이므로 동시에 벌어지는(미리 예비된 창조가 펼쳐지는) 완벽한 상태임을 '三'이라는 상징적인 숫자로 알려줍니다.

앞부분 '一'과 '二'를 편의상 각각 반야(B)와 협업(W)으로 치환하고, '一'이란 존재상태와 이를 반영한 天一極(천일극)의 차이를 분명히 하기 위해 天1極 地2極 人3極이라며 숫자로 치환해서 재구성해본다면,

天一一地一二人一三 ⇨ 天B1極 地B2極 人B3極
天二三地二三人二三 ⇨ 天W3極 地W3極 人W3極

이런 형태가 되겠습니다.

이후부터는 편의상 앞엣것은 '天1極 地2極 人3極', 뒤엣것은 '天3極 地3極 人3極'으로 줄여서 쓰겠습니다.

정리해본다면 '반야(B) 모드'인 앞 구절 天——一 地—二 人—三은 一析三極 無盡本 중의 '三極'이며, 그리고 '협업(W) 모드'인 뒤 구절 天二三 地二三 人二三은 一積十鉅 無匱化三極 중의 '三極'입니다.

化三은 化三極의 준말
본문의 三은 三極의 준말입니다. 앞에서 一析三極이라고 전제되어 있으므로 化三極을 줄여서 化三, 大三極을 줄여서 大三, 運三極을 줄여서 運三이라고 해서 極이 생략되어 있습니다.

이런 점에서 천부경의 본문은 天——一 地—二 人—三이라는 '반야 모드'의 '三極'에서 시작해서 天二三 地二三 人二三이라는 '협업 모드'의 승화된 '三極'으로 끝납니다.

저는 옆에 따로 떼어 놓은 '天——一 地—二 人—三 天二三 地二三 人二三' 이 두 구절은 문단마다 따라붙는 후렴구 같아요.

⊙ '극(極)'에 관하여

극(極)에 대한 기존의 해석은 양극단 또는 三太極 등으로 의견이 분분한데, 주우님은 이 '極'을 어떻게 풀었나요?

'極'에 대해서 오해가 좀 있는 듯합니다. 이 極이 '다할 極'이니까 변방이나 맨 끝으로 생각하는데 極은 변방이 아니라 상징적 중앙을 가리킵니다.

예를 들어 無極·太極·皇極의 極은 지리적 중앙이 아니라 만남이나 조화가 일어나는 자리를 의미합니다. 極은 경계를 가른다는 界와는 그 의미가 다릅니다.

천부경에서 三極은 一이라는 나의 존재 상태에 따라 펼쳐지는 나와 관련된 천계(天界)의 중심, 지계(地界)의 중심, 인계(人界)의 중심을 말합니다. 그러니까 三極이란 나의 존재됨됨이를 반영하기 위한 어떤 조화의 중심자리로, 먼저 천계(天界)에서 天1의 메커니즘이 작동하고, 그다음 지계(地界)에서 地2의 메커니즘이 작동하며, 그다음 인계(人界)에서 人3의 메커니즘이 작동한다는 것입니다.

먼저 天1極은 하늘(天神) 전체가 아니라 당사자의 존재상태 그리고 관련된 사람들을 고려해서 상황들을 종합해서 기획하고 있는 천신(天神)들입니다.

그다음 地2極도 땅(地神) 전체가 아니라 天1極의 기획안에 따라 당사자의 지리적 환경(萬物)을 연출해내고 있는 지신(地神)들입니다.

보통 이 천신(天神)과 지신(地神)을 합쳐서 우리는 천지신명(天地神明)이라고 하지요.

그다음에 人3極도 사람(人神) 전체가 아니라 天1極의 기획안과 地2極의 연출에 따라 당사자 주위에서 관계하고 있는 인신(人神)들입니다.

각자에게 제시되어 대상이 되는 어떤 사람이나 사건, 상황을 '極'이라고 하지 천계(天界)·지계(地界)·인계(人界) 전체가 三極이 아님을 알아주셨으면 합니다. 다시 말하면 나하고 관련된 天1極, 나하고 관련된 地2極, 나하고 관련된 人3極을 이야기하고 싶을 때 바로 이 '極' 자를 쓴다는 거지요.

그러니까 자신과 관련된 프로젝트가 진행되는 중심이라는 의미에서 '가운데 極'이라고 생각하면 됩니다. 시각적으로 이야기해보면 대한민국에서 極은 지정학적 중심인 충주가 아니라 모든 사건의 중심이고 모든 조화가 일어나는 중심인 서울입니다. 그래서 우리는 서울로 내려간다고 하지 않고 올라간다고 하지요. 또 축구장에서도 極이란 위치적 중심인 센터 서클이 아니라 지금 공이 움직이며 다툼이 벌어지는 곳입니다. 한마디로 조화의 중심자리이어서 '極'이라고 하는 것입니다.

天極이 나하고 관련된 天, 그러니 天極·地極·人極이 나하고 관련된 天·地·人의 중심이라는 설명은 제 오래된 궁금증, 아니 오류에 대한 답으로 체증이 확 풀리게 합니다. 아! 내가 속은 게 맞았구나.

저는 그동안 '우리는 신이다.' '만물에 불성(佛性)이 있다.' '각자 내면에 하느님이 있다.' '세상 천지가 나의 창조물이다'는 정보를 대다수가 그렇다고 하니까 맹목적으로 받아들여 때때로 풍선처럼 부풀어 붕 떠오름을 은근히 즐겼지요.

그러나 천지 만물을 창조한 광대함이 나라고 하는데, 한 편에서는 돈이 없어 힘들어하는 이 무능함은 어찌 된 것인가 가슴이 아프더군요. 세상 천지를 다 창조한 나인데 돈 몇 푼은 창조하지 못하다니 말도 안 되고 답답해 화가 났지요. 완전히 납득되지 않았으므로 이것이 허황하고 뭔가 이상하다는 의심이 들었으나 깊이 따져보지 않았거든요. 그런데도 급기야 어떻게 해야 신의 권능을 이용해서 한 방에 부자가 될 수 있는지를 갈구하기도 했으니, 참 딱한 노릇이었군요.

⊙ 세간⊖과 출세간⊕의 구조

우리가 수행하기 전 삶에서 벌어지는 현상을 '세간'이라 하고, 우리가 수행하기 시작했을 때 나타나는 현상을 '출세간'이라고 하겠습니다.

불교계에서 세간은 세속적 삶을, 출세간은 수행의 삶을 뜻합니다. 여기서 말하는 세간⊖은 현실의 실상을, 출세간⊕은 수행의 실상을 나타냅니다.

그러면 대전제가 되는 본문 첫째 문단의 '一析三極 無盡本(일석삼극 무진본)'은 깨닫지 못한 상태에서 펼쳐지는 현실의 모습을 설명하고 있으므로 세간⊖이 되고, 이러한 점을 깨달은 상태에서 펼쳐지는 '一積十鉅 無匱化三(일적십거 무궤화삼)'은 수행의 이치를 제시하고 있으므로 출세간⊕이 되겠습니다.

마찬가지로 나머지 세 문단도 첫째 행은 세간⊖이 되고, 둘째 행은 출세간⊕이 되며, 각 문단은 앞뒤 구절이 대구(對句)를 이룹니다.

> 세간⊖ 문장은 깨닫지 못한 상태에서 펼쳐지는 현실 삶의 모습을 설명하는 것이고, 출세간⊕ 문장은 깨달은 상태에서 펼쳐지는 수행의 이치를 제시하고 있다는 말씀이군요.

그런데 본문을 면밀히 검토해보면 검토해본다면 세간과 출세간의 관계뿐만 아니라 다양한 구조적 특징이 더 있습니다.

數理라는 易理로 구성된 2문단은 儒道, 緣起라는 法理로 구성된 3문단은 佛道, 無爲라는 心理로 구성된 4문단은 仙道의 가르침이며, 1문단은 이 모든 것을 綜合하는 原理입니다.

삶의 실상을 짧은 글로 표현해낸 천부경에서 전체 그림인 1문단은 세간의 작동원리와 수행의 근간원리, 2문단은 세간과 수행이 진행되는 메커니즘, 3문단은 세간과 수행의 방식, 4문단은 세간과 수행의 귀결을 각각 나타냅니다.

§ 세간⊖(㉮+㉯)과 출세간⊕(㉰+㉱)의 관계

수행하기 전의 상태인 세간⊖은 현실 삶에서 벌어지는 모습을 제시해주고, 수행해가는 상태인 출세간⊕은 수행하는 이치를 제시해주고 있으므로 세간임을 깨달을 때 출세간을 실행하게 됩니다. 세간은 깨닫지 못한 상태이고, 출세간은 세간의 실상을 깨닫고 수행하는 상태를 나타냅니다. 이를테면 세간인 一析三極 無盡本임을 깨달을 때, 출세간인 一積十鉅 無匱化三을 실행하게 됩니다.

§ ㉮ ㉰는 원인, ㉯ ㉱는 결과

   세간과 출세간 각각의 앞부분(㉮,㉰)은 원인이고, 뒷부분(㉯,㉱)은 결과가 됩니다. ㉮⇨㉯는 부정적, ㉰⇨㉱는 긍정적 인과(因果)관계입니다. 이를테면 一析三極한 탓에 無盡本이 되고, 一積十鉅한 덕택에 無匱化三이 됩니다. 그러므로 세간 문장은 유익하지 못한 원인을 제공한 '탓'이고, 출세간 문장은 유익한 원인을 제공한 '덕'입니다.

§ ⊖의 ㉯와 ⊕의 ㉱의 관계

   세간⊖의 뒷부분(㉯)은 출세간⊕의 뒷부분(㉱)이 되라는 것입니다. 이를테면 본문 첫째 문단에서 세간 문장의 뒷부분 無盡本과 대구를 이루는 구절은 출세간 문장의 無匱化三極입니다. 그래서 無盡本, 즉 나한테 담마(현상과 메시지)가 끝임없이 계속 반복되는 것은 無匱化三極, 즉 빈틈없이 완수해냄으로써 완벽한 삼극으로 승화라는 취지가 들어 있습니다.

§ ⊖(㉮+㉯)과 ⊕(㉰+㉱) 각 문장 간의 관계

   세간 문장은 세간 문장끼리 서로 통하는 내용이 있고, 출세간 문장은 출세간 문장끼리 서로 통하는 내용이 있습니다. 그래서 각 문장끼리 연결고리를 통해서 다른 것도 빗대어서 짐작해보고 살펴볼 수 있습니다.

§ ⊖은 洛書, ⊕은 河圖 중심의 원리
　세간⊖(㉮+㉯)은 현실의 전면에서 외적으로 작동하는 응용프로그램인 낙서(洛書)를 중심으로 운용되며, 출세간⊕(㉰+㉱)은 현실의 배후에서 내적으로 작동하는 운영프로그램인 하도(河圖)의 원리를 알아챈 상태입니다.

§ ⊖는 大三極의 誤路, ⊕는 運三極의 正路
　세간⊖은 大三極의 그릇된 길인 오로(micchāpaṭipadā誤路)이며, 출세간⊕은 運三極의 올바른 길인 정로(sammāpaṭipadā正路)인 셈입니다.

§ 부분과 전체의 유기적 관계
　앞에서 ⊖(㉮+㉯)과 ⊕(㉰+㉱)의 관계는 세간⊖임을 깨달아서 출세간⊕을 실행한다고 했습니다.
　1문단을 다음처럼 갈라 보면,
　一析Ⓐ　三極Ⓑ　無盡Ⓒ　本Ⓓ　一積Ⓔ　十鉅Ⓕ　無匱Ⓖ　化三Ⓗ
　1문단을 더 나눠서 살펴본다면, 각각의 구절이 '원인⇨결과'라는 Ⓐ⇨Ⓑ　Ⓒ⇨Ⓓ　Ⓔ⇨Ⓕ　Ⓖ⇨Ⓗ 이런 구조가 됩니다. (상세한 정보는 168쪽 참고)
　이런 Ⓒ⇨Ⓓ　Ⓖ⇨Ⓗ 관계가 전체 구조에도 연결되어서 각각의 구절에 대응하는 3문단과 4문단의 관계도 '원인⇨결과'라는 구도가 됩니다.

또 바로 앞 28쪽에서 말한 ㉮⇨㉯ ㉰⇨㉱이라는 '원인⇨결과'의 관계가 18쪽에서 설명한 전체 구조에도 연결되어서 1문단 ㉮㉰에 대응하는 2문단이 원인에, 1문단 ㉯㉱에 대응하는 3문단·4문단은 결과에 해당하게 됩니다. (상세한 정보는 중간마다 해설하면서 언급하겠습니다.)

정리해보면 대전제인 1문단을 2문단 3문단 4문단이 대응해서 자세히 설명해주고, 2문단이 원인이고 3문단 4문단이 결과라는 관계가 있으며, 3문단이 원인이고 4문단이 결과라는 연속된 구조가 자리하고 있습니다.

그러므로 천부경 본문 전체는 큰 인형 속에 작은 인형들이 차례로 중첩되어 들어있는 마트료시카 인형처럼 매우 치밀하게 단계적이고 유기적인 맥락 관계로 구성되어 있습니다.

1문단에서 총체적 원리를 서술하기 시작해서 점차 구체적인 현상과 수행법들을 제시해가고, 마지막 4문단은 현실적인 결과와 도달할 목적지를 구체적으로 서술합니다.

그러므로 1문단은 총체적이고 4문단은 구체적입니다. 그래서 1문단의 一析三極 一積十鉅는 천부경의 취지를 한마디로 줄인 총체적 명제이고, 4문단은 천부경 전체를 구체적 명제로 요약한 결론에 해당합니다.

이처럼 천부경은 부분과 전체가 대응하며 맞물리는 홀로그램 구조로 되어 있습니다.

§ ㉮;春 ㉯;夏 ㉰;秋 ㉱;冬
㉮;春, 元, 放, 內有神靈 ㉯;夏, 亨, 蕩, 外有氣化
　　춘　원　방　내유신령　　　하　형　탕　외유기화
㉰;秋, 利, 神, 不然其然 ㉱;冬, 貞, 道, 各知不移
　　추　이　신　불연기연　　　동　정　도　각지불이

　봄에 씨를 땅속에 뿌리므로 여름에 줄기가 외부에 나타나듯이, 또 **內有神靈**하므로(내면에 신령이 있으므로) **外有氣化**하듯이(신령이 외부현상에 나타나듯이), 세간⊖의 ㉮를 원인으로 ㉯라는 외부현상이 벌어집니다.

　여름의 성장이 한계에 이르면 성장을 멈추고 껍질로 보호하면서 열매를 맺는 새로운 패러다임을 시작해야 하듯이, 또 **不然其然**해야 하듯이(도움되지 않던 그때와는 달리 지금은 다른 게 보이기 시작하듯이, 그때는 틀리고 지금은 맞듯이), 세간⊖의 ㉯라는 한계에 봉착하면 결국 그림자 통합을 통해 내면의 진실을 찾는 출세간⊕의 ㉰라는 과정을 시작해야 합니다.

　겨울은 가을의 지속이라는 의미에서 계을(繼乙)이라고 하듯이, 또 **各知不移**하듯이(각자가 그곳에서 옮기지 말아야 함을 알듯이), 출세간⊕의 ㉱는 ㉰의 과정 덕에 완성됩니다.

　그리고 ㉮ ㉯ ㉰ ㉱ 별로 구절을 모아서 번역했습니다.

　㉮ 각자의 존재됨됨이(一)가 전삼극(前三極)을 중시해서(大) 담마의 마음(本心)을 감추면 투사를(析) 통해서 삼극(三極)으로 묘하게(妙) 펼쳐진다(衍).
　이처럼 더해져서(合) 완고해지기(六) 때문에 ㉯ 담마(本)가 본태양

(本太陽)이라는 후삼극(七八九)을 통해 끊임없이(無盡) 만왕만래(萬往萬來)하며 발생한다(生).

㉰ 각자의 존재됨됨이(一)가 전삼극(前三極)을 운용(用)해서 투명성을(明) 높이는(昻) 수행을(積) 통해 완전한 10(十)이라는 단련된 경지로(鉅) 변화해간다(變).

이처럼 사(四)를 완성해가는(成) 덕택에 ㉱ 5(五)와 10(十)이라는 고리(環)를 형성하면서 담마(本)에서 움직여가지(動) 않고(不) 빈틈없이 완수해냄으로써(無匱) 사람(人)이 중심(中) 되어 천지(天地)와 하나가(一) 되어 완벽한 삼극(三極)으로 승화한다(化).

이런 것들이 바로 전체적으로 잘 구성된 천부경의 구조입니다. 천부경이 이렇게 앞뒤 구조가 짜임새 있고, 아귀가 딱딱 들어맞는다는 것을 알고 나서 많이 놀랐습니다.

맞아요~ 정말 놀랍네요. 대전제의 첫 문단에서부터 이를 각각 설명해주는 2~4문단까지 이 허술한 듯한 짧은 글에 치밀하고 빈틈없이 유기적인 구조로 된 이치가 담겼는지 경탄스럽습니다.

또 구조 설명이 엄청나게 복잡한 듯하지만, 알기 쉽게 기호를 이용하여 다양한 각도에서 명료하고 기발하게 분석한 덕택에 천부경의 세세한 구조가 제게도 보입니다.

도입부와 종결부

천부경 81자 중 처음 一始無始는 도입부에, 마지막 '一終無終'과
'一'은 종결부에 해당합니다.

대구인 一始無始와 一終無終은 떨어져 있으나 서로 연관해서 풀이해야 합니다.

여기서 無는 절대무(絕對無)가 아니라 단순히 없다는 뜻입니다. 그러면 一始無始는 '一', 즉 나의 존재상태가 시작하나 시작이 없다는 뜻입니다. 그리고 一終無終도 나의 존재상태인 '一'이 끝나나 끝이 없다는 말이 됩니다.

천부경 마지막이 '一終無終一'이므로 一始無始 다음에도 '一'을 붙여서 '一始無始一'이라는 대구(對句)로 풀이할 수가 있으나 그렇게 풀면 '一이 시작하나 시작이 없는 一이다.'고 중언부언이 됩니다. 앞에 '一'이 주어로 있는데 두 번 쓸 필요가 없지요.

그리고 一析三極과 一積十鉅가 명백히 대구이므로 一始無始 다음의 '一'은 一始無始의 뒤가 아니라 析三極의 앞에 더해져서 一析三極이 되어야 합니다.

또 '一終無終 一'에서 뒤의 '一'은 앞의 '一'과는 다릅니다. 잠시 후 설명하겠습니다.

일(一)

　　천부경이 一始無始로 시작하니 먼저 '一'에 관해 명확히 알고 싶어요. 설명을 부탁합니다.

　　천부경에 대해 제대로 이해하려면 먼저 '一'에 관해 명확하게 이해하고 넘어가야 한다고 생각합니다.
　　천부경이 우주의 원리를 담고 있다고 여겨지다 보니 지금까지 사람들이 대다수 '一'을 태극이나 도(道), 하느님으로 생각해왔으나 이렇게 풀면 답이 없습니다.
　　이렇게 접근하는 분들은 우주의 작동 원리나 하느님의 뜻을 알아내서 잘 터득한다면 자신도 그런 권능을 갖게 되고 다른 사람들보다 우월해지리라고 기대하기 쉽습니다. 그리고 실제로 대다수 이런 식으로 풀고 있습니다.
　　그렇지만 천부경의 '一'은 도(道)를 상징하는 '一'이 아닙니다. 받아들이기가 어려울 수 있겠지만, '一'은 하느님이나 우주의 원리가 아니라 '자기 자신'입니다. 즉 여러분 각자의 실제 모습인 내적 존재상태, 즉 자신의 존재됨됨이를 지칭합니다.

　　우리는 다양한 방식으로 '자신이 누구인지'라는 자기 정체성을 정하고 있습니다. 그 방식에는 생각·말·행동이라는 활동이 있고, 외적인 모습인 외양과 신분도 있으며, 내적인 모습인 존재상태도 있습니다. 이것들이 일관되기보다 때마다 장소마다 상대마다 대응해서 바뀌고 있습니다.

자기 정체성에는 크게 두 가지가 있는데 의식해서 선택하는 정체성인 의식이 있고, 의식하지 못하고 선택하는 정체성인 무의식이 있습니다.

이런 점에서 자신을 규정하기가 복잡할 뿐만 아니라 자신조차 자기를 제대로 알기 어려운 실정입니다. 그래서 대다수 '자신이 누구인지' 의식하지도 못하는 과정에 머물다가, '자신이 누구인지' 의식하는 과정을 거치고 나서야 '자신이 실제 누구인지' 깨닫는 과정에 진입합니다.

이 자기 정체성인 '자신이 누구인지'는 영어로 'Who I am'이며, 줄이면 'I am'이고 'I'인 것입니다. 소위 '나'인 'I'가 있는데 각자가 다 'I'이지요. 이것이 수학에서 말하는 변수(變數) 'x'가 됩니다. 상수(常數)는 고정된 수나 무엇이든 대입할 수 있는 변수에는 어떤 정체성이든 대체할 수 있습니다. '나는 x이다(I am 'x')'는 명제가 사실상 언제나 성립합니다.

다시 말하면 누구에게나 자기 정체성을 자유로이 정할 선택권이 있다는 것입니다. 이런 의식적 정체성을 붓다는 각자가 '나'라고 생각해서 규정하는 아함(ahaṁ)이라고 했습니다. 한편 의식해서 선택하다 보면 의식적으로는 자신이라고 여기고 싶지 않은 무의식적인 자기 정체성도 있게 됩니다. 이러한 내적 존재를 붓다는 '아따(atta)'(『붓다의 발견』에서는 실아라고 함)라고 했으며 이 '아따'의 속성이 바로 아라마나(ārammaṇa)입니다.

전자는 의식적인 '자기 선택'이고, 후자는 무의식적인 '존재상태'인데, 이 양면성이 분리해서 작동하지 않고 상호 연동하는 상관관계에 있습니다. 이렇게 상호 연동하는 두 정체성을 천부경은 '一'이라고 합니다.

그런데 우리로 하여금 자각하도록 애쓰는 우주는, 이미 알려진 외적인 신분보다 각자가 부정하기 쉬운 내적 존재상태를 자각하게 하는 데 집중하게 됩니다. 그럼에도 의식적인 '자기 선택'과 무의식적인 '존재상태'는 복잡하게 작동해서 '선택에 따른 존재상태'(이하 '존재상태')를 형성하는데, 이것이 바로 '一'입니다.

'一'을 다르게 표현한다면 아함(ahaṁ)에 따른 아라마나(ārammaṇa) 즉 각자의 선택에 따른 존재상태인 존재됨됨이(Beingness)입니다.

> 아! '一'이 각 개인의 존재됨됨이, 즉 각자의 선택에 따른 존재상태를 지칭한다는 이런 해석을 한 번도 접한 적이 없는 저로선 하느님이나 도(道)라는 기존의 해석을 단칼에 깨트려버린 파격적이고 혁명적인 해석으로 보이네요.

사실 천부경에는 도(道)를 대신할 단어가 따로 있습니다. 생각지도 못한 엉뚱한 단어가 이 의미를 대행합니다. 이것은 잠시 후 이야기하겠습니다.

많은 사람이 '나는 누구인지?' 궁금해합니다. 자기 정체성은 사실 다양한 요인을 고려해서 결정될 수밖에 없는 복잡계입니다. 나라는 존재는 선천성과 후천성을 모두 갖고 있습니다. 선천적 영향이 없는 것도 아니며 지금 현재가 전부인 것도 아닙니다. 즉, '오늘(현생)은 어제(전생)와 다르지도 않고 같지도 않다'는 것입니다. 그럼에도 명확하게 표현할 수 있는 것은 '나라고 생각해서 정한 정체성에 따른 존재상태'가 '一'입니다.

저도 나 자신이 누구인지 모호했는데, 후천적인 의식적 '자기 선택'과 선천적인 무의식 '존재상태'가 복잡하게 작동해서 '선택에 따른 존재상태'를 형성하는데, '이것이 바로 나다!'는 것으로 납득되게 설명해주셔서 감사합니다.

이 '一'에는 자신이 의식해서 정한 정체성인 아함(ahaṁ), 즉 'I'가 가장 큰 영향을 끼치고 좌우합니다. 바로 지금 자유로이 선택한 정체성인 '내가 누구인지(Who I am)'가 전생의 어떤 인연보다 훨씬 중요합니다.

지금 의식해서 결정한 '내가 누구인지(Who I am)'가, 얼마 후 자기 정체성을 결정할 기회로 펼쳐진 삼극(三極)을 활용함으로써 존재상태를 바꿀 수 있게 합니다.

그렇다면 이제 누군가 여러분에게 '나는 누구인가?'라고 묻는다면 간단히 대답해야 합니다. '지금 나라고 생각하고 정하는 내가 나이다'고 선언함으로써 기회를 놓치지 말아야 합니다. 별도의 내가 있지 않습니다.

이것이 바로 用變을 통해서, 즉 외부가 아니라 자신을 바꿈으로써 수행하기 시작한다는 것입니다. 이 과정을 미리 살펴본다면 다음과 같습니다.

 수행하기 시작하면 먼저 자신의 마음가짐이 어떤 식으로 외부에 영향을 끼치는지 알아보는 과정을 거칩니다. 이것이 바로 '자신이 누구인지'를 (비록 의식하지는 못했지만 사실상 마음에서 정했던 자기 정체성을) 알아가는 과정입니다. 즉, 자신의 감정·느낌·생각·정신 등 자기 내면에 어떤 마음을 정하는지에 따라 바뀌는 외부현상을 자각하는 과정인 셈입니다.

 그런데 사실상 책임을 회피하려고 자신의 행동 근거를 외부에서 가져와 따져보지도 않고 마음을 정한다면 자신이 누구인지 잊어버린 상태이므로 우주는 三極을 통해 '자신이 누구인지'를 기억하도록 기회를 제공합니다.

 이런 식으로 자신의 모습을 깨닫고 나면, 자신의 말과 행동이 일치하지 않는 언행 불일치를 자각하게 하는 과정에 돌입합니다. 그다음 내면의 마음과 외부의 활동이 달라서 벌어지는 사태를 통해서 심언행을 일치시키는 과정이 펼쳐집니다.

 이 과정을 통해 자신의 진정한 마음을 알게 된 다음에야 자기 영혼의 진정한 뜻, 즉 '자신이 실제로 누구인지'를 알아가는 과정을 통해 본질에서 바뀌게 되고, 결국 천지의 뜻인 소명을 알게 됩니다.

 그래서 만일 '나는 실제로 누구인지'를 알고 싶다면 먼저 '나는 누구인지'를 의식해서 제대로 체득하고 나서야 가능합니다. (『붓다의 발견』을 참고해주세요.)

 결국, 천부경은 하느님의 법칙이 아니라, 우리 각자의 의식적인 선택 그리고 이에 의한 존재상태에 따라서 어떤 식으로 현상이 펼쳐지는지를 말하고 있습니다. 그리고 이런 점을 자각한다면 각자가 어떤 식으로 수행을 쌓아가야 하는지를 말하고 있습니다.

'一'이 나 자신 특히 나의 존재 상태를 지칭한다는 충격에서 아직도 멍합니다만, 이 와중에 인류의 긴 역사에 존재들의 오랜 숙원인 '나는 누구인가?'란 근원의 물음을 아함(의식적 '자기 선택')과 아라마나(무의식적 '존재상태')로 답해주시며 쓱 한 방에 해치웠네요. 이래도 되는 건가요? 그 엄청난 존재에 대한 물음을 휘청거리는 이 틈새에 넌지시 끼워 넣어도 되는 거냐고요?

게다가 나는 누구인가냐면 나는 '지금 이 순간에 내가 나라고 생각하고 정하는 것이 나다!'라고요. 이렇게 간단한 것이었습니까? 기가 막히고 코가 막히고 허무하네요.

그런데 기가 막히고 코가 막힐 새도 없이 나에 관한 규정이 이렇듯 단순하나 단순하지만은 않다는 느낌이 엄습해옵니다. 아차차 걸려들었구나! 이제는 빠져나갈 샛길이 없구나! 드디어 막다른 골목에 신들이 쳐놓은 듯한 그물에 걸려서 내가 생각하는 나를, 지금 이 순간 나를 내가 정해야 하는 책임에 맞대면할 수밖에 없다는 앓는 소리가 올라옵니다. 하—항복!

주우님 초반부터 엄청난 숙원인 '나는 누구인가'를 가볍게 몰아붙여 기선 제압에 성공했네요.

일시무시(一始無始)

각자의 자기 정체성인 일(一)이 시작(始)하나 그 시작이 없다(無始).

一始無始는 말 그대로 '一'이 시작하기는 하는데 그 시작이 없다는 말입니다. 대구(對句)인 一終無終도 '一'이 끝나기는 하는데 그 끝이 없다는 말입니다.

살펴보면 '일(一)이 시작한다'는 一始와 '그 시작이 없다'는 無始는 대구이고, 마찬가지로 '일(一)이 끝난다'는 一終과 '그 끝이 없다'는 無終도 대구입니다.

'자기 선택'과 '존재상태'라는 양면성이 있는 一이 시작한다는 '一始' 그리고 그런 시작이 없다는 '無始'는 상반된 의미이므로 함께 존립할 수 없는 듯이 보입니다. 이런 역설을 철학적으로 풀었던 사람이 있습니다.

칸트는 『순수이성비판』에서 이율배반(二律背反)에 관해 다룹니다.

정립(定立): 세계는 시간상 시초를 가지며, 공간적으로도 한정되어 있다.
반정립(反定立): 세계는 시초나 공간상의 한계를 갖지 않으며, 도리어 시간적으로나 공간적으로나 무한하다.

오래전부터 철학자들은 '우주에는 시작과 끝이 있는가?'라는 문제에 대해 논의해왔는데, 이에 대해 칸트는 이율배반에 빠진다는 결론을 내립니다. 이율배반(antinomy)이란 정립 명제와 반정립 명제가 동시에 참이거나 동시에 거짓인 경우를 말합니다.

그런데 우주가 무한한지 혹은 시초가 있는지는 인간의 경험에서 주어질 수 없습니다. 그럼에도 인간 이성은 경험을 넘어서서 우주를 자체적으로 실존하는 전체라고 전제하여 양적인 규정을 부여하고자 하는 오류에 빠집니다.

결론적으로 칸트는 '우주에는 시초가 있다'는 정립 명제와 '우주에는 시초가 없다'는 반정립 명제 둘 다 잘못된 전제에 기초하기에 인간 경험을 넘어서 있어서 양적 혹은 질적으로 결정할 수 없으므로 거짓이라고 합니다. 인간 이성의 한계인 이것을 칸트는 이성의 운명이라고 말합니다. 그래서 인간이 자기 한계를 넘어선 우주의 모습에 대해 생각하면 이율배반에 빠지고 맙니다.

우주에는 시작과 끝이 있는 것도 아니고, 시작과 끝이 없는 것도 아닙니다. 이는 자신과 관련된 우주의 부분 빼고는 굳이 알 필요가 없다는(182쪽 참고) 말입니다.

그러므로 앞에서 언급했듯이 '一' 자체도 우주의 원리가 아닌 각자의 정체성을 가리키므로 一始의 뜻도 우주의 시작이 아닌 각자의 '자기 정체성이 시작된다'는 뜻이 됩니다.

여기서 자기 정체성은 '자기 선택'이라는 의식적 부분과 '존재상태'라는 무의식적 부분으로 나뉩니다. 인간이 자의식을 갖게 되면서 주어지는 전자는, 의식해서 선택할 수 있는 부분입니다. 인간이 자의식을 갖기 전뿐만 아니라 태어나기 이전부터 지속해왔고 앞으로도 지속해갈 후자는, 의식해서 선택할 수 없는 부분입니다.

그러므로 '자기 선택'이라는 인간의 단기적 관점으로 본다면 一始

이지만, '존재상태'라는 영혼의 장기적 관점으로 본다면 無始이고 이번 삶이 전체 중 하나의 과정이라는 점에서 '시작이 아니다'는 의미가 됩니다. 세간의 관점에서는 틀림없이 시작과 끝이 있지만, 출세간의 관점에서는 시작과 끝이 없고 삶이 영원하다고 할 수밖에 없습니다.

아! 명확하게 이해됩니다. 자기 정체성을 의식적으로 정하는 아함(ahaṁ)일 때는 일시(一始)이지만, 무의식적 존재인 아따(atta 영혼)의 관점에서는 이번 삶이 전체 중 하나의 과정이라는 점에서 시작이 아니라는 무시(無始)이군요.

그리고 無始에도 두 가지 의미가 있는데, 바로 앞의 말대로 (영원한 영혼의 관점으로 보면) 이번이 전체 중 하나의 과정이라는 의미도 있고, 시작하는 시점 자체가 불분명하다는 의미도 있습니다.

이를테면 '봄이 시작되었으나 시작이 없다'는 말에는 두 가지 의미가 있습니다. 먼저 매년 반복하는 봄이므로 올봄이라고 해서 시작이라고 할 수 없다는 의미가 있고, 그다음 확실히 봄이 시작되기는 하나 딱 부러지게 특정할 시점이 없다는 의미가 있습니다. 어느 날 봄이 왔다는 사실을 알아차리게 되는 경우입니다.

그런데 이런 부분을 나름대로 밝힌 분이 있습니다. 니까야에 보면 붓다께서 윤회에 대해 다음과 같이 말씀합니다.

무명에 덮인 중생들이 갈애(愛, taṇha)에 묶여서 유전하고 윤회하므로 그 최초의 시작은 알려지지 않으나 오랜 세월 동안 괴로움·고뇌·재앙을 경험

하고 무덤을 증대시켰다. — 쌍윳따니까야(S15:1~20)

　우리 인간의 윤회에서 최초의 시작은 알 수 없다는 것입니다. 우리가 설령 과거 전생을 다 본다 하더라도 최초의 시작점은 알 수 없다는 겁니다. 그뿐만 아니라 현재 우리가 이 세상에 언제 왔는지도 그 시작을 알 수 없다는 거예요. 어느 날 정신을 차려 보니까 이 세상에 와 있는 거 아닌가요?

　우리가 어린 시절을 떠올리면 간혹 한두 살 때를 기억하는 사람도 있으나 대부분 예닐곱 살 때 자의식이 분명해지면서부터 기억이 뚜렷해집니다. 자의식이 생긴 시점이 '나'의 시작이지만, 그 시점이 명확하지 않죠.

　그리고 우리가 이 삼계(욕계·색계·무색계)에 진입할 때도 미토콘드리아 같은 원시 구조부터 시작하지 않는다는 것입니다. 특정할 수 없는 시점에 진입하는 겁니다.

　그래서 一始無始는 각자의 자기 정체성이 시작하나 제각각 다르므로 일정하게 공통적인 시작점이 없고, 또한 우리가 그 시작점을 꼭 알아야 하는 것도 아니라는 말입니다.

　마찬가지로 無終에도 끝나는 시점 자체가 불분명하다는 의미가 있습니다. 즉, 특정하기 어려운 시점부터 자의식이 희미해지면서부터 기억이 사라집니다. 이처럼 자의식이 사라지는 시점이 '나'의 끝이지만, 그 시점이 명확하지 않습니다. 자신의 미래상은 인간의 인식으로는 알 수 없고 알 필요도 없습니다. 삶에서 목적을 달성하는 데 도움되지 않기 때문입니다.

그런데 몇 년 전 친구가 자신이 누구인지 알려고 인류의 시원을 찾아 마추픽추에 다녀온다며 연락했던 기억이 납니다. 또 모 단체에서도 인류의 시원을 찾아서 바이칼호수로 함께 할 여행객을 모집했습니다. 이게 다 각자가 자신의 시원을 찾겠다고 하는 것인데, 특정 시작점이 없다면 이런 것이 무슨 소용이 있나요.

인류의 시원(始原)을 찾아 떠나는 사람들을 제가 말릴 수 없으나, 다만 시원에 대해선 "연기에 관련해서 '오늘은 어제와 다르지도 같지도 않다'는 통찰에 이르면 전생으로 가지 않아도 된다"고 하신 붓다의 말씀으로 대신하겠습니다.

즉, 연기(緣起)를 체득하면 현재의 모습을 통해서라도 자신의 과거 상(相 nimitta)과 미래 상(相)을 알아볼 수 있으므로 전생으로도 내생으로도 가지 않는다고 합니다. 세간의 시선으로는 펼쳐지는 현상의 비밀을 알 수 없다는 겁니다. 과거나 미래를 훔쳐본(커닝한)다 해도 손쉬운 길이 없고 오히려 어려워집니다.

실제로 우리가 자신의 전생이나 미래를 알아야만 만사가 해결되거나, 또한 이것들을 모른다고 해서 곤란을 겪는 것도 아니라는 겁니다. 현재에 과거와 미래의 정보가 다 들어 있고 지금의 선택으로 과거와 미래를 좌우할 수 있기 때문입니다. 바꿀 수 없는 과거에 집착하지 말되, 만일 정해져 있다 해도 지금 이 순간의 선택으로 바꿀 수 있는 미래를 걱정하지 말아야 합니다. 이미 떠나버린 과거로 돌아가서 집착하지 말고 아직 오지 않은 미래를 기대해서 걱정하지 말라는 것입니다.

과거의 선택에 따른 귀결을 지금 겪고 있고, 미래를 좌우하는 지금의 선택이 무슨 일이 벌어지게 할지 예상해야 하지만, 완전히 정해져 있지 않은 미래에 특정 결과가 벌어지리라는 기대나 걱정은 도움되지 않습니다.

그러면 위에서 실례를 든 친구분처럼 이국만리 자신의 시원을 찾아가는 외부여행보다 지금 이곳에서 자신의 죽음을 찾아가는 내면탐구가 도움됩니다. 끝이 있는 듯이 보이는 죽음에서 오히려 자신의 본향(本鄕)을 알아볼 수 있습니다.

특정 자격이 되면 일률적으로 입학하고 졸업하는 학교와 달리, 특정 시작점과 종결점이 없다는 것은 육체·생물학 중심의 관점을 넘어 정신·영혼 중심의 관점을 제시합니다. 이 때문에 각 존재가 합의로 계약해서 사실상 자발적으로 오고 간다는 사실을 받아들이게 되고, 자신이 이 세상에 오고 싶지 않았는데 부모가 실수로 나를 낳아서 어쩔 수 없이 태어났다는 책임 회피성 사고방식에서 벗어날 수 있게 됩니다.

각자 존재상태에 따라 시작과 끝 지점이 정해지니 숨김없이 그대로 말하면 제각각 수준에 맞는 부모가 정해질 것이므로 결국 자신이 부모를 선택한다는 거군요.

음, 자신의 수준 탓이지 부모 탓이 아니다? 맞네요. 네, 드디어 이제는 세상이 내 뜻대로 안 되어 괴로울 때, 왜 나를 낳아서 이렇게 고생을 하게 만들었느냐고 아버지를 탓하고 엄마를 원망할 수조차 없게 되었군요.

일종무종(一終無終)

각자의 자기 정체성인 일(一)이 끝나나(終) 그 끝이 없다(無終).

一始無始와 마찬가지로 一終無終도 이번 삶에서 정하는 '선택'이라는 아함(ahaṁ)의 단기적인 관점으로 본다면 끝이라는 一終이지만, 여러 삶을 반복하는 '존재'라는 아따(atta)의 장기적인 관점으로 본다면 끝이 없다는 無終이 됩니다. 이 '아따'가 실아(實我)인 영혼에 해당합니다.

이를테면 일련의 10가지 프로젝트를 완수하기로 했는데 지금 시작한 세 번째 프로젝트는 전체적 관점에서는 시작이 아니라 과정이며, 이번 프로젝트를 끝냈다고 해도 전체 프로젝트를 완전히 끝낸 것이 아닙니다. 설사 세 번째 프로젝트를 완수하지 못했을지라도 부족했던 부분을 채워줄 또 다른 프로젝트가 시작될 것이므로 끝나지 않고 지속합니다.

이처럼 특정 과정을 마스터하지 못한다 해도 이를 보완하도록 돕는 과정이 시작될 것이며, 만일 이 과정을 마스터해서 성장한다면 다음 과정을 밟아나갈 기회가 제공될 것이므로 과정은 끝없이 지속합니다.

이 우주에 존재하기로 하는 한, (이 세상에 있음을 의식한다는 건 이미 이 세상에 있기로 했으므로) 각자의 삶은 성장하든지 아니면 퇴보하든지 간에 다양한 방식으로 끝없이 지속합니다.

그러므로 이번 삶이 시작했으나 전체적 관점에서는 시작 자체가 없는 셈이고, 비록 이번 삶이 끝났으나 전체적 관점에서는 끝 자체가 없는 셈입니다. 마찬가지로 이번 프로젝트가, 이번 도전이, 이번 기회가 시작했으나 전체적 관점에서는 시작 자체가 없는 셈입니다. 비록 이번 프로젝트가, 이번 도전이, 이번 기회가 끝났으나 전체적 관점에서는 끝 자체가 없는 셈입니다.

一終, 즉 이번 삶이{프로젝트가·도전이·기회가} 끝나া 無終, 즉 그 끝이 없으며 또 다른 존재상태인 一로 시작합니다.

여기서 一始-一終, 無始-無終이라는 대구를 살펴보겠습니다. 정로(正路)이든 오로(誤路)이든 간에 인생의 선택은 一始一終, 즉 시작과 끝이 있는 유한한 기회입니다. 반면에 성장하든 퇴보하든 간에 영혼의 존재상태는 無始無終, 즉 시작도 끝도 없는 무한한 기다림입니다.

전자는 기회가 유한하니 미루지 말고 지금 서두르라는 뜻이고, 후자는 기회가 무한하나 미루지 말고 지금 바꿔가라는 뜻입니다. 전자는 시간이 유한하므로 탐진치의 오로(誤路)를 선택해서 실수해도 좋으니 미루지 말고 용기를 내서 도전하라는 뜻인데, 후자는 시간이 무한하므로 존재상태가 후퇴하더라도 어차피 담마가 반복되어 고통이 영겁회귀하기 때문에 탐진치에서 벗어나 정로(正路)를 선택하라는 뜻입니다.

一始-一終, 즉 이번 인생이 끝인 듯이 보이나 無始-無終, 즉 삶은 영원합니다.

일(一)

一始無始와 一終無終이 정리되었으니 마지막에 남는 '一'에 관해 설명하겠습니다.

一終無終 다음의 '一'에 대해서 도움되는 말은 유학의 경전인 대학(大學)에서 관련 내용을 찾아볼 수 있습니다.

物有本末 事有終始 知所先後 則近道矣   - 대학 경1장 3절
물유본말   사유종시   지소선후   즉근도의

'모든 사물에는 근본과 말단이 있고 만사에는 끝이 있고 시작이 있다. 그 선후를 알면 도에 가깝다'는 뜻입니다. 여기서 사유종시(事有終始)라고 했으니까 '시작이 있고 끝이 있다'가 아니라 '끝이 있고 시작이 있다'입니다. 이 말은 그냥 끝나는 것이 아니고 끝 다음에 '시작'이 곧바로 따른다는 의미입니다.

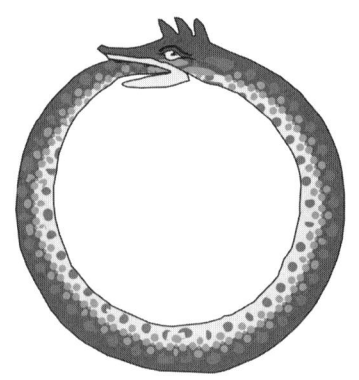

그러니 一終無終 다음에 바로 시작인 '一'이 따른다는 겁니다. 그

런 의미에서 '一'은 뱀이 자신의 꼬리를 물고 있는 상징인 우로보로스처럼 마지막과 처음이 맞물리며 순환하여 다음 차원으로 넘어갈 때 終과 始를 연결해주는 징검다리 같은 역할을 합니다. 이 '一'은 성서에서 시작의 알파(A) 그리고 끝의 오메가(Ω)와 유사합니다.

여기서 주의할 점은 一終無終의 '一'은 내 존재상태를 말하지만, 마지막 '一'은 一始와 一終의 '一'에서 한 단계 상승한 '十'인 '二'를 말하는 때도 있고, 반면에 상승하지 못하고 비슷한 상황을 반복하는 一', 一''를 말하는 때도 있습니다.

전자에서는 이 상승한 '十'(10)인 '二'가 '一'로 환원되어 또 다른 天1極(11)·地2極(12)·人3極(13) 이런 식으로 나아갑니다. 비유하자면 시작의 '一'이 초등학교 1학년이라면, 끝의 '一'은 초등학교의 6년 과정을 마치고 중학교 1학년(一)에 입학하기 위한 과도기인 봄방학(二) 때와 비슷합니다.

후자에서는 상승하지 못한 '九'는 유사한 一'로 돌아와서 또다시 天1極·地2極·人3極 이런 식으로 반복합니다. 비유하자면 학교에서 정한 수준에 도달하지 못해서 시작의 '一'과 유사한 一', 一''~~의 과정을 반복해서 공부해야 하는 유급과 비슷합니다.

천부경의 도입부 一始無始는 '一'인 나의 존재상태가 시작되나 특정 시작은 없다로, 종결부 一終無終은 '一'인 나의 존재상태가 끝나나 특정 끝은 없다로 해석하셨고요. 이와 같은 이율배반의 실례로 칸트와 붓다의 자세한 설명도 좋았습니다.

독특한 점은 마지막 '一'을 우뚝 단독으로 세웠네요. 一始가 一終이 되어 유급을 반복하거나, 아니면 한 단계 성장하는 것으로요. 다음 차원의 시작을 뱀이 자기 꼬리를 물어 끝과 시작을 맞물리는 모습인 순환의 상징을 제시하며, 끝없이 다음 단계의 시작으로 이어지는 종시(終始)의 '一'로요.

천부경 참 멋집니다! 해석도 멋지고요!

본문

　삼극(天1極·地2極·人3極)의 현실이 일(一), 즉 존재됨됨이가 반영된(析) 거울(本太陽)임을 깨닫지 못해서 본마음(本心)을 감추고 삼극(三極)을 탐진치의 수단으로 중시한다면(大), 더해져서(合) 완고한 존재(六, 天一地一人一)가 되기 때문에 일련(天一地二人三)의 다양한(萬往萬來) 사건(七八九)이 묘하게(妙) 발생해서(生) 펼쳐짐으로써(衍) 끊임없이(無盡) 담마(本)를 제공합니다.

　하지만 이를 깨달아 삼극(天1極·地2極·人3極)의 현실을 반야의 기회로 운용한다면(運), 그 삼극에 숨겨진 진실(四)을 완성하려고(成) 투명해지기로(明) 결단한(昂) 덕택에, 자신을 탈바꿈해서(用變) 직면한 담마(本)를 떠나지 않고(不動) 하나하나(一積) 마스터해감으로써(十鉅) 균형 잡힌 중심(五)과 홍익하는 존재(十)라는 두 고리(環)로 빈틈없이 완수해냄으로써(無匱) 완벽한(天三地三人三) 삼극(三極)으로 승화해서(化, 天二地二人二) 사람(人)이 중심(中) 되어 천지(天地)와 하나가(一) 됩니다.

㊀ 본문과 해석

一析三極 無盡本
一積十鉅 無匱化三(極)

天一一
地一二
人一三

天二三
地二三
人二三

大三(極) 合六 生七八九
運三(極) 四成 環五十

一妙衍 萬往萬來
用變 不動本

本心 本太陽
昻明 人中天地一

  일(一), 즉 각자의 존재됨됨이가 시차를 두고 천1극·지2극·인3극(天1極·地2極·人3極)으로 투사되어(析) 천일·지일·인일(天一·地一·人一)이라는 '반야(般若) 모드'가 되기 때문에, 끊임없이(無盡) 담마(本)가 제공된다.
  하지만 이를 깨달아 일(一), 즉 각자의 존재됨됨이가 완전한 10(十)이라는 단련된 경지로(鉅) 한 단계씩 닦여가는(積) 덕택에, 빈틈없이 완수해냄으로써(無匱) 동시에 작동되는 완벽한 천3극·지3극·인3극(天3極·地3極·人3極)으로 승화되어(化) 천이·지이·인이(天二·地二·人二)라는 '협업(協業) 모드'가 된다.

다시 말해 전3극(前三極, 天1極·地2極·人3極)이 탐진치의 대상으로 중대시(大) 된다면 더해져서(合) 완고한 6(六)이 되고 결국 환원이 어려운 현실인 후3극(後三極, 天7極·地8極·人9極)인 7·8·9(七八九)가 발생하고(生) 만다.

하지만 이를 깨달아 3극(三極, 天1極·地2極·人3極)을 운용하여(運) 4(四)라는 사람을 완성해간(成) 덕택에 균형 잡힌 중심인 5(五)와 홍익하는 존재인 10(十)이라는 고리(環)가 형성된다.

그런데 일(一), 즉 각자의 존재됨됨이가 묘하게(妙) 펼쳐지기(衍) 때문에 오만가지 현상이 가고 온다(萬往萬來).

하지만 이를 깨달아 자신의 변화(變)로 활용한(用) 덕택에 제시된 현상과 메시지(本)에서 움직여가지(動) 않게(不) 된다.

그런데 담마의 마음(本心)이 감춰지기 때문에, 담마(本)가 내포된 강력한 외부현상(太陽)으로 드러나고 만다.

하지만 이를 깨달아 투명성이(明) 높아진(昻) 덕택에, 사람(人)이 중심(中) 되어 천지(天地)와 하나(一)가 된다.

본문에 접어드는군요. 눈치 100단인 제가 '시작되나 시작이 없고, 끝나나 끝이 없다'는 도입부와 종결부의 설명이 그랬듯이 본문은 짧으나 본문의 설명은 짧지만은 않으리라는 감이 오네요.

천부경에서 대전제인 1문단이 다른 2·3·4문단을 종합하고 있습니다. 즉, 2문단의 '大三極 合六 生七八九'가 '一析三極'을, '運三極 四成 環五十'이 '一積十鉅'를, 그리고 3문단의 '一妙衍 萬往萬來'가 '無盡'을, '用變 不動本'이 '無匱'를, 그다음 4문단의 '本心 本太陽'이 '本'을, '昻明 人中天地一'이 '化三'을 대응해서 설명해주고 있습니다.

    그래서 먼저 2문단부터 3문단, 4문단을 차례로 설명해가면서 대전제인 1문단의 내용과 연결해가도록 하겠습니다.

2문단

大三極 合六 生七八九
運三極 四成 環五十

大三極하여 合六한 탓에 七八九가 生기는 걸 깨달을 때,
대삼극   합륙   칠팔구   생
運三極하여 四成한 덕에 五十이라는 고리(環)가 형성된다.
운삼극   사성   오십   환

   자신을 자각하도록 도우려고 펼쳐진 외부현상을 오히려 탐진치로 대한다면 악화하여 완고해지고 결국 돌이키기 어려운 심각한 사건이 벌어지고 맙니다. 하지만 이를 깨달아 그런 외부현상을 자신의 거울로 삼고서 자기를 완성해가면 결국 양면성을 다루고, 남을 잘되게 하는 홍익하는 존재가 됩니다.

   전3극(前三極, 天1極·地2極·人3極)이 탐진치의 대상으로 중대시(大)된다면 더해져서(合) 완고한 6(六)이 되고 결국 환원이 어려운 현실인 후3극(後三極, 天7極·地8極·人9極)인 7·8·9(七八九)가 발생하고(生) 만다.

   하지만 이를 깨달아 3극(三極, 天1極·地2極·人3極)을 운용하여(運) 4(四)라는 사람을 완성해간(成) 덕택에 균형 잡힌 중심인 5(五)와 홍익하는 존재인 10(十)이라는 고리(環)가 형성된다.

   이 2문단은 천부경 중 유일하게 수리(數理)로 되어 있습니다. 하지만 이 내용을 풀 때 기존의 수리에 맞추면 풀리지 않을뿐더러 더 혼란

과 미궁에 빠지기 쉽습니다. 검토해보면 기존의 수리는 대다수 실천에 기반을 두지 않고 일부 사람들이 편의로 내놓은 이론이기 때문입니다.

천부경을 제대로 이해하려면 수리에 천부경을 맞추지 말고 오히려 현실에서 수행할 때 실제 체험한 내용에 천부경을 적용해보는 발상의 전환이 훨씬 더 도움됩니다.

그리고 본문의 '三'은 '三極'의 준말이므로 大三은 大三極, 運三은 運三極이 됩니다. 대구(對句)인 이 '大三極'과 '運三極'에서 大는 '확대하다' '중대시(重大視)하다'는 의미며, 運은 '운용하다' '활용하다'는 의미의 동사(動詞)로 봐야 합니다.

그러면 三極이 '一', 즉 자신의 존재됨됨이에 따라 펼쳐진다는 사실을 알아보지 못한 상태에서 어느 날 맞닥뜨리게 된 그 三極의 현상을 중대시해서 확대하는 태도가 大三極이고, 활용해서 운용해가는 태도가 運三極인 셈입니다.

그런데 중대시하고 확대한다는 大의 의미에 바로 접근하기가 쉽지 않으므로 대구가 되는 運을 먼저 이해하는 방식이 도움됩니다. 다양한 의미가 있는 運의 의미를 명확히 하기 위해 (세간이나 출세간 문장끼리는 서로 뜻이 통한다고 했으므로) 출세간⊕ 문장인 3문단 둘째 구절인 用變(용변)에서 힌트를 얻을 수 있습니다.

'運三極 四成'과 '用變'은 유사한 의미입니다. 變이 자신의 태도적 변화를 뜻하므로 運도 변화와 관련돼야 합니다. 그리고 '用'은 활용한다는 의미이므로 '運用'이라는 단어를 조합해낼 수 있습니다. 따라서 運三極은 三極을 '자신의 변화'에 활용하고 운용한다는 의미임을 알 수 있습니다.

그러면 運三의 대구(對句)인 大三은 틀림없이 반대 의미임을 유추할 수 있습니다. '大'자는 다양한 뜻이 있으나 ('자신의 변화'와는 반대로) 결국 '외부(타자)의 변화'를 도모하려고 외부현상을 중대시해서 확대한다는 의미가 됩니다.

다시 말해 天1極·地2極·人3極의 외부현상에 대해 자신에게 책임이 있다고 여기지 않고, 타자에게 책임을 돌림으로써 결과적으로 그 상황을 확대재생산하게 된다는 겁니다. 따라서 大三極은 외부현상을 탐진치(貪瞋痴)의 대상으로 중대시하여 七八九로 점점 악화하는 상황을 불러오는 것을 말합니다.

결국, 大三極은 붓다께서 언급한 그릇된 길인 '오로(micchāpaṭipadā 誤路)'이며, 運三極은 올바른 길인 '정로(sammāpaṭipadā正路)'인 셈입니다. '三極', 즉 제시된 현상에 대해 바르게(yoniso) 마음을 일으키고 정하면(manasikara) 고(苦)가 환멸(nirodha還滅)하는 정로(正路)며, 그르게(ayoniso) 마음을 일으키고 정하면 고(苦)가 집기(samudaya集起)하는 오로(誤路)라는 것입니다.

大三極의 그른길을 팔오도(aṭṭhaṅgika-micchā-magga八誤道)라고 하며, 運三極의 바른길을 팔성도(ariyo-aṭṭhaṅgiko-magga八聖道)라고 합니다.

그래서 大三極의 오로(誤路)는 '무명(無明)을 연(緣)한 위(爲)가, 위를 연한 식(識)이,~~생(生)을 연한 노사(老死) 슬픔·비탄·고통·원망·절망이 형성되어 이 모든 고온이 집기하는 그릇된 길이며, 運三極의 정로(正路)는 '무명(無明)이 완전히 벗겨지고 환멸해야 위(爲)도 환멸하고, 위가 환멸해야 식(識)도 환멸하며,~~생(生)이 환멸해야 노사(老死) 슬픔·비탄·고통·원망·절망도 환멸되어 이 모든 고온(苦蘊)이 환멸하는 올바른 길입니다.

❂ 이분법(二分法) 중용(中庸)

양쪽에 치우친 견해로 가지 않는 적중법을 제대로 이해하려면, 우선 '이것이며 또한 저것이다'며 양쪽을 긍정하는 중용을 이해해야 합니다. 그리고 이 중용을 이해하려면 이분법을 먼저 제대로 알아야 합니다.

이분법에는 우리 편(특히 자신이 속하거나 관련 있는 쪽)은 선하고 반대편은 악하다는 흑백의 적대적 이분법부터, 자신과는 다른 대상이 공존할 수 있음을 찾아내는 긍정적 이분법까지 있습니다. 붓다는 대상과 자신을 분리하는 것을 식(識 viññāṇa)과 명색(名色 nāma-rūpa)이라고 했습니다.

밤-낮, 주宙-우宇, 보편성-특수성, 영원성-불멸성, 사대事大-사소事小, 사랑-자랑, 수탈-모심, 약탈-봉사, 존엄-비굴, 본本-말末, 원죄-고통, 이권-인권, 기억-기대, 검색-사색, 정치-통치, 생활-생존, 도피-도전, 노동-놀이, 소통-호통, 희망-절망 등 무수합니다.

이분법을 긍정적으로 활용하려면 일단 대상이 우연히 나타나지 않는다는 점을 인정하고, 모든 사건·사물에는 양면성이 있음을 믿어야 합니다. 이 세계는 상대성으로 이루어진 세상이므로 우리는 어떤 대상에 대해서든 자신과는 다른 관점이 있고, 정반대 견해도 있을 수 있다는 사실을 받아들여야 합니다. 모든 것에 양면성이 있고, 상대적 관점이 있다는 것입니다. 나아가 자신의 견해가 틀리며, 혹 전제가 엉터리일 수 있음을 인정해야 합니다. 자신이 이런 사실조차 모를 수 있음을 의심해야 합니다. 그래서 "나는 의심한다. 고로 그렇게 의심하는 나는 존재한다"고 합니다. 세상의 진실을 알고 보면 '오직 모를 뿐!'입니다.

그다음 나타난 대상이나 현상에 대척되는 것을 찾아내거나 그것에서 한쪽으로 치우친 관점을 찾아내고 상반된 관점도 찾아냅니다. 이를테면 태풍을 접해서 살림살이에 피해를 준다는 관점과 공기와 바다를 정화한다는 관점이 있습니다. 물 반 컵을 '반이나 비었다'고도 '반이나 찼다'고도 볼 수 있습니다. 돈이 부족해도 불편하고 넘쳐나도 불편합니다.

인간의 본성이 본래 선하다는 성선설이든 인간의 본성이 본래 악하다는 성악설이든 원래의 취지는 누구나 후천적으로 교육을 통해 선을 함양하자는 것입니다.

지혜로운 사람은 어느 날 기르던 말이 한 마리 없어졌다 해도 해롭다 하지 않으며, 없어진 그 말이 다른 말을 데리고 왔다 해도 이롭다고 하지 않으며, 그 말을 탄 자녀가 다리를 다쳤다고 해서 나쁘다 하지 않으니, 마침내 전쟁이 나도 자녀는 병역면제를 받았다 합니다. 상황이 유리하다고 자만하지 않고, 불리하다고 좌절하지 말며, 쥐구

멍에도 벨들 날이 있으므로 불우지비(不虞之備) 해야 합니다. (이런 상대적 관점을 지닌 상태가 되기 위해서 상당한 시간과 노력을 기울여야 할지도 모릅니다.)

그다음 양쪽이 추구하는 목적과 취지에서 겉으로 드러난 차이와 숨어 있을 공통점을 파악한 다음 자신에게 유익한 부분만을 적용해 보는 것이 중용입니다. 중용(中庸)이란 이를테면 비겁(卑怯)해야 할 때는 비겁하고, 만용(蠻勇)을 부려야 할 때는 만용을 부려야 용기의 존재가 되듯이, 각각의 상황에 맞아떨어지게 처신하는 방식입니다. 그런데 이것이기도 하며 또한 저것인 중용은 어정쩡하게 중립적 입지를 취하는 기회주의적 태도가 아니라 오히려 의식해서 어려운 쪽을 진심으로 선택하는 방식입니다. 이렇게 어려운 쪽으로 간다고 실제로 결단하면 상반된 두 가지 선택에서 얻으려고 했던 결과들이 같은 공간에 동시에 존재하게 됩니다. 그래서 신성하고 공시(共時)적인 기적체험을 맛보게 됩니다.

예를 들면 '천천히 서둘러 와라', '대충 철저히 해라' 이런 표현입니다. 과거 필자가 군 복무할 때 내무 점검이 있어서 청소할 때 선임이 "청소를 대충 철저히 하라"고 하는데, 처음에는 말이 안 되는 뚱딴지 같은 이야기를 하는 줄로 알았지만, 차츰 생활하면서 오히려 그 표현이 나름의 일리가 있음을 체득하게 되었습니다. 알고 보니 청소를 잘 못해서 지적받으면 선임 자신도 괴롭고, 시간 안에 청소를 못 마치면 자신도 협력해야 하기에, '청소를 대충해서 지적받지 말라'와 '너무 철저히 한다고 시간 낭비하지 말라'는 두 가지 의도를 한마디로 표현하는 고도의 수사(修辭)였습니다. 나중에야 내무반 점검하는 사람마다 특성이 어떤지를 빨리 파악해 적절히 대응하라는 뜻도 들어 있음을 알았습니다. 그의 속마음은 '지적받지 않게 너희가 알아서 책임지고 청소해라'였습니다.

-『붓다의 발견』에서 인용

⊙ 大三極 合六 生七八九 ⇒ '一析三極'

각자가 자신의 존재됨됨이에 따라 펼쳐진 전3극(前三極)이라는 현상을 (탐진치로) 중대시하면(大) 더해져서(合) 완고해지므로(六) 후3극(後三極)이 생겨(生)버린다. 이것이 바로 '나의 존재됨됨이(一)가 삼극(三極)으로 투사된다(析)'는 '일석삼극(一析三極)'과 대응된다.

이 구절은 대전제인 1문단 첫째 구절의 一析三極(일석삼극)을 자세히 풀어서 설명한다고 했습니다. 따라서 앞에 '一析'이 생략되어 있다고 보아서 一析 大三極 合六 生七八九(일석 대삼극 합륙 생칠팔구)라고 보면 도움됩니다. 그러면 '一', 즉 나의 존재됨됨이가 투사된다면(析) 大三極하여 合六한 탓에 七八九가 生한다는 것이 됩니다.

그리고 앞에서 三極을 天1極·地2極·人3極이라고 했는데, 악화하는 현상인 '七八九'도 天7極·地8極·人9極이라는 또 다른 三極입니다. 서로 대비해서 전자를 前三極, 후자를 後三極이라고 칭하겠습니다.

먼저 여기서 이 天極·地極·人極이라는 三極의 메커니즘을 작가와 연출가, 배우를 비롯한 스텝들로 구성되는 연극(演劇)에 비유해보겠습니다.

연극에서는 주제에 따라서 플롯(줄거리)을 짜서 대본을 쓰는 '시나리오 작가'가 있고, 이에 따라서 무대를 꾸며내는 '연출가와 스텝들'이 있으며, 이 각본에 따라 연기하는 '배우'가 있습니다.

이런 연극처럼 三極에도 각자의 존재상태에 따라서 자신의 실제 모습을 스스로 깨닫게 해주거나 이전에 놓은 원인에 대한 과정으로써 기회를 제공하는 등의 정해진 목표(주제)에 따라서 적절한 시나리오를 짜는 天極(천극)은 '작가'에 해당하고, 적절한 곳을 찾아 환경을 조성하는 地極(지극)은 '연출가와 스텝들'에 해당하며, 현실에서 주인공 주위에서 우연을 가장한 각본에 따라서 연기해내는 人極(인극)은 '배우들'에 해당합니다.

예를 들어 누군가 분노하는(분노를 제대로 마스터하지 못한) 존재상태일 때, 天極(작가)은 이 사람에게 내면의 분노를 자각하게 하려면 어떤 식으로 성질나게 할지 시나리오를 쓰고, 그러면 이 시나리오에 따라서 地極(연출가)은 신명(스텝들)을 동원해 다양한 무대장치를 꾸며내서 주인공으로 하여금 내면의 분노를 자각할 환경을 조성해주며, 그다음에 人極(배우들)이 天極의 각본과 地極의 연출에 따라 각자 맡은 역할대로 연기함으로써 주인공으로 하여금 내면의 분노를 자각하게 하는 도우미가 됩니다.

이것은 짐 캐리가 주연한 영화 '트루먼쇼'에서 트루먼이라는 주인공을 두고 시나리오 작가, 현실처럼 무대를 꾸며내는 연출가와 스텝들, 그리고 주변 사람들의 역할을 자연스럽게 해내는 배우들이 다양한 상황을 제공하는 것과 유사하다고 생각하면 됩니다.

앞 23쪽에서 잠깐 언급했듯이 天極·地極·人極은 천계(天界)·지계(地界)·인계(人界) 전체가 아니라 자신과 관련된 천신(天神)·지신(地神)·인신(人神)입니다. 이런 점에서 '트루먼쇼'에서 짐 캐리의 상대역들도 알고 보면 다 신(神)들이지요. 신의 지령을 받아서 연기하는 소위 '신의 사자(使者)'인 셈입니다. 이분들이 '人極'인 겁니다.

　　네, 저도 '트루먼쇼' 영화를 보았어요. 짐 캐리의 상대역들이 곤란에 처하면 위에 있는 연출자에게 트루먼이 말을 듣지 않는데 어떻게 하느냐고 조언을 구하는 부분이 특히 인상적이었고, 현실처럼 꾸며진 스튜디오에서 주인공 빼고 나머지는 연기한다는 설정이 참 기발하다고 느꼈죠. 나는 다 보이는데 설정된 쇼이며 드라마임을 모르는 트루먼은 너무나 힘들겠다며 안타까워했고요.
　　그러면 영화 중 총책임자가 주인공 트루먼이 한계를 극복해가는 각본을 짠 천신(天神)이고, 연출자가 주인공으로 하여금 한계를 극복하기 어렵게 하는 바다 등 환경을 조성한 지신(地神)이며, 주변인의 역할을 한 배우는 각본과 연출에 따라 다양한 연기로 주인공의 자각을 도우려고 분별력을 흐리게 했던 인신(人神)이라는 거군요.

　　이를 신지학(神智學) 관점에서 이야기해보면 멘탈계(Mental Plane) 아스트랄계(Astral Plane) 에테르계(Etheric Plane)로 비유할 수 있습니다. 정신체의 멘탈계는 계획이 세워지는 천계(天界)에, 감정체의 아스트랄계는 무대장치가 꾸며지는 지계(地界)에, 그다음 물질체의 에테르계는 인간들이 연기하는 인계(人界)에 해당합니다. 그리고 정체성을 담당하는 코절계(The Causal Plane)라는 원인계(原因界)가 바로 '一'이라는 존재상태와 관련됩니다.
　　여기서 아스트랄계는 에너지가 무한해서 그곳에서는 공간이 무한하게 펼쳐지지만, 현실에 구현되는 지상에서는 에너지가 유한하므로 여러모로 제약이 따른다고 합니다.

　이를테면 현실에서 집을 지을 때 1층 공사에 사용된 거푸집을 뜯어서 2층을 지을 때 재활용하고, 연극무대도 단방에 착착 전환되지 못하고 1막 2막 3막으로 시차를 두고 전환이 되는데, 회전식 연극무대가 아스트랄계를 본뜬 거로 볼 수 있지요. 이처럼 '地極' 또한 연극무대처럼 시차를 두고 펼쳐집니다.

　각자의 존재됨됨이가 투사된 三極인 天極·地極·人極에서 프로젝트가 진행 중일 때 주인공에게도 특정 현상이 벌어집니다. 먼저 天極에서 진행하는 내용은 주인공이 감정이나 느낌으로 감지하며, 地極에서 진행하는 내용은 계시처럼 생각이나 영상 꿈으로 보이고, 人極에서 진행하는 내용은 몸소 체험으로 겪게 됩니다. 특히 느낌·생각·체험을 통한 메시지 전달에 실패하면 특별한 말로 메시지가 도착하기도 합니다.

　이것은 소위 신kāya身·수vedana受·사citta思·법dhamma法이라는 불교의 사념처(四念處)와도 연결되어 있습니다. 수(受)는 天極의 느낌이고, 사(思)는 地極의 생각이며, 법(法)은 人極의 체험에 해당합니다. 처음에는 미묘한 느낌으로 감지하며, 그게 안 되면 표상에 대한 생각을 통해 상징을 해석하고, 그것도 안 되면 현상이 주는 메시지(法)를 통해 의미를 알아내려고 하나 점점 조악해져서 정확도가 떨어집니다. 이는 직감을 무시하고, 감정에 좌우되며, 생각을 조작하고, 실상을 외면함으로써 엉터리로 혹은 반대로도 의미를 부여하기 때문입니다.

『신나이』에서 느낌·생각·체험 그리고 말이 신과 소통하는 4가지 도구라고 나옵니다. 天極은 숭고한 느낌, 地極은 고귀한 생각, 人極은 강력한 체험 그리고 명확한 말까지 이런 의미였군요. 이렇게 연결해주신 덕택에 三極인 天極·地極·人極에 관해 이해가 더 깊어집니다. 그리고 이런 신의 메시지는 언제나 누구에게나 주어지므로 귀담아듣는 태도가 중요하다고 하네요.

또 식당에서 음식을 주문하는 것에 비유해 보면, 밥을 먹고 싶은 마음상태가 원인계가 됩니다. 그래서 식당에 들어가서 메뉴판을 보고 음식을 주문하는 것이 天極에, 그다음에 주문을 받아서 요리사가 음식을 장만하는 것이 地極에, 그다음 요리한 음식이 나오는 것이 人極에 해당합니다.

현실에서 우리가 음식을 주문하면 요리하는 시간이 걸린 다음에야 음식이 나오듯이, 각자의 특정 서원(誓願)이나 기도에 따른 결과(대다수 진심인지를 확인하는 시험)도 天極·地極·人極의 과정을 거치므로 욕망대로 곧바로 펼쳐지지 않습니다. 그런데도 짜장면을 시켰는데 짬뽕이 더 낫다고 하니까 귀가 솔깃해져서 싹 바꾸듯이, 대부분 기다리지 못하고 '一', 즉 자기 정체성을 다르게 정함으로써 변덕을 부리는 형편입니다.

이제 一析 大三極 合六 生七八九의 과정을 설명해보겠습니다.
　　일석　대삼극　합륙　생칠팔구
전체적으로 보면 천부경은 붓다의 연기(緣起)와 상당 부분 공통분모가 있는데, 붓다의 연기가 천부경을 훨씬 더 상세하게 풀어놓았다고 볼 수 있지만, 현실 적용 부분에서는 간략한 천부경이 더 유리하다고 생각됩니다. 그런데 연기를 제대로 알려고 하면 『붓다의 발견』을 탐구하시는 길밖에는 없을 겁니다. 그와 같은 설명을 다른 데에선 본 적이 없으니까요.

연기(paṭicca-samuppāda 緣起)는 무명에서부터 생·노사까지 과정이 있는데, 크게 세 단계로 나눌 수 있습니다. 맨 먼저 무명(avijjā 無明)부터 식(viññāṇa 識)까지의 단계가 있는데, 이는 무의식 과정입니다. 그다음 명색(nāma-rūpa 名色)부터 유(bhava 有)까지의 단계가, 그다음 생(jāti 生)·노사(jarāmaraṇa 老死)의 단계가 있는데 이 두 과정은 의식적 과정입니다.

3막으로 구성된 연극처럼 현실의 삶도 3막인 인(因, 원인)·연(緣, 과정)·과(果, 결과)로 연결되어 작동합니다. 그래서 이 3단계를 인연과로 보면 무명에서부터 식까지가 인(因)이고 1막이 됩니다. 그리고 명색부터 유까지가 연(緣)이고 2막이, 그다음에 생·노사가 과(果)이고 3막이 됩니다.

이것을 천부경과 연결지어 설명해보면 무의식 과정인 무명에서 식까지는 천부경의 一析에 해당합니다. 그다음에 의식적 과정인 명색부터 육처·촉·수·애·취·유까지는 천부경의 前三極인 大三極 合六에 해당하고, 그리고 생·노사는 천부경의 後三極인 生七八九에 해당합니다.

여기서 天1極·地2極·人3極이라는 前三極의 과정은 각자한테 은유적 상징(symbol)으로써 해법을 제시해주지만, 天7極·地8極·人9極이라는 後三極은 명백한 신호(signal)로 경고합니다. 기회 제공이라는 관점에서 상징은 야구 감독이 선수한테 주는 사인(sign)처럼 좀 느슨한 권유이지만, 신호는 교통 신호등처럼 꼭 지켜야 하는 강력한 경고입니다.

각자에게 前三極은 은유적 상징이나 사인이라는 권유로, 後三極은 명백한 신호라는 강력한 경고로 해법을 제시한다!

이 둘의 차이를 살펴보자면, 예를 들면 일(一), 곧 나의 존재상태에 분노가 잠재되어 있을 때, 나로 하여금 이 상태를 깨닫도록 기회를 제공하는 前三極(天1極·地2極·人3極)의 현상, 즉 나로 하여금 열 받게 해서 성질나게 하는 일련의 현상이 벌어지는 경우가 있고, 그런데 이런 상황을 통해서 자신한테 분노가 들어있다는 것을 깨닫지 못할 때에는 성질을 내서 분노를 폭발할 수밖에 없는 일련의 상황, 즉 後三極(天7極·地8極·人9極)이라는 사태가 벌어지는 경우가 있듯이 다릅니다.

여기서 전자는 단순히 화나게 하는 상황이지만, 후자는 나로 하여금 성질나 있는 것을 터트려주는 사태, 즉 소위 풍선 터트리기입니다. 그래서 앞의 前三極은 나로 하여금 자각하도록 돕는 상황(象)을 제시해주고, 後三極은 거부할 수 없는 사태(事)가 벌어지게끔 하는 겁니다.

실제로 연기에서 前三極에 해당하는 '대상과 자신을 분리한 존재상태'인 명색(名色)부터 '완고해서 어떤 조언도 통하지 않는 옹고집의 상태'인 유(有)까지는 어찌해서든 되돌려서 환원할 수 있습니다. 그러나 後三極에 해당하는 '한 번 벌어지고 나면, 괴롭다고 할 수밖에 없는 상태'인 생(生)의 사태가 현실에 탄생할 때는 어떻게 해도 되돌릴 수 없는 환원이 불가능한 귀결 상태가 되어버립니다.

그다음에 '合六'은 前三極인 天1極·地2極·人3極의 숫자를 合쳐서(1+2+3=6) '六'이 되는 것을 말합니다. 앞에서 大三極함으로써 '三極'의 의도를 살리지 못한 주인공 때문에, 이 前三極 프로젝트를 진행하던 天1極·地2極·人3極의 소속 팀원들이 대다수 그대로 6極이 되어서, 주인공이 완강하게 고집을 피우는 바람에 실패한 전 프로젝트를 거울로 삼아 새로운 프로젝트인 後三極을 시작한다는 의미입니다.

중대시하는 '외부(타자)의 변화'를 도모하다 보니 자신을 성찰하지 못하고 외부에만 중심을 둠으로써 어떤 현상이든 자신에게 유리하게 해석하는 '자기 합리화' 과정을 통해서 (그리고 실제로 자신의 의도대로 세상사가 흘러가는 듯이 보이기도 함으로써) 자기를 과신하게 되어버린 상태가 바로 六입니다. 前三極을 자신이 변화해서 성장할 기회로 활용하지 못하므로 六으로 더해져(심해져) 버린 것입니다. 사실상 심각해진 이 '六'에 대해 더 자세히 알려면 붓다의 연기를 이해하는 게 도움됩니다.

> # 合, 즉 '더하다'의 사전적 의미
>
> '더 늘리거나 많게 또 크게 하다.' '본디보다 심해지다.'라는 뜻으로 이것을 조합하면 '더 많아져서 심해진다'가 됩니다. 合은 더하다 이외에 '만

나다'는 뜻이 있으므로 合六은 1·2·3이 만나 합(더)해지고 심(더)해져서 6이 되어버린다는 것입니다.

　六은 연기에서 유(bhava有)의 완고한 상태를 말합니다. 즉, 은유적 상징으로 해법을 제시해주는 前三極의 현상을 통해서 외부에서 아무리 조언해도 자신만의 방식이 옳다고 확신하는 고집불통의 상태를 말합니다.
　'六'이 천부경 81자 중 정중앙에 놓여 있고, 글자의 생김이 사람의 모습과 닮았다고 해서 일부 사람들이 이 '六'이 천부경의 중심 단어라고 주장합니다.
　하지만 천부경에서 '六'은 사실상 수행의 메커니즘이 아니라 오히려 현실에서 상황을 악화시키는 옹고집 상태임을 일러주는 단어입니다. '六'은 수행의 길로 가지 못하게 가로막고서 계속 반복되는 현상을 만드는 근원인 셈입니다. '六'은 우리가 이런 점을 깨달아서 마음에 잘 담아두라는 부정적인 의미이지 절대로 긍정적인 의미가 아님을 알아두었으면 합니다.
　다음 四成(사성)에서 자세히 설명하겠으나 이 '六'은 四를 완성해나간 곰과는 달리 백수의 왕이라는 짐승으로 사는 호랑이를 상징합니다. 그래서 요한계시록은 '666'을 짐승의 표라고 하는지도 모릅니다. 이런 점에서 '六'은 짐승처럼 생존하려고 돈을 목적으로 삼는 황금만능주의에 빠져버린 이들을 지칭하고, 반면에 '四'는 사람(四覽)이 되어 사(四)랑 함께합니다.
　그런데 일상에서 六으로 구성된 것들을 찾아보면 육각수라고 해서

물이 있고, 벌집도 육각형으로 지어지고, 탄소 구조도 육각형으로 되어 있듯이 '六'의 모습은 안정된 상태, 고정된 상태, 고착된 상태이고 자기만의 견해를 고수하는 상태입니다. 이처럼 더는 외부의 피드백이 들어가지 않으므로 도움을 받을 수 없는 독선적 상태이기 때문에 '六' 다음에는 七八九라는 새로운 後三極의 무대로 넘어가서 돌이킬 수 없는 고통스러운 사태가 현실에 벌어지고 맙니다.

　　오! 六의 환상도 무너지는군요. 저도 한때 물은 답을 알고 있다며 육각수에 휘둘렸던 기억이 나네요. 육각형 결정체인 눈, 6일간의 천지창조 등 6의 신화가 여전하네요. 이처럼 긍정적인 면으로 가장하는 6의 정체는 안정을 부추기는 환상에 불과하다는 말씀이군요.

　그렇습니다. 그다음 '生七八九'는 '六'을 넘어서 벌어지는 돌이킬 수 없는 사태가 生(생)했음을 말합니다. 前三極 프로젝트를 진행하던 天1極·地2極·人3極의 팀원들에 새로운 '七八九'의 팀원이 보강되어 後三極을 시작했다는 의미입니다.

　연기에서 자티(生 jāti)라고 하는 '生'은 어쩌지 못하는 사태가 벌어진 상태를 말합니다. 마찬가지로 '六'에서 '七'이 生하면 어쩌지 못하는 우연한 사건(accident)이 벌어지게 되고, 七八九라는 後三極에서도 깨닫지 못하면 다음에 또 다른 前三極이 발생해 다람쥐 쳇바퀴 돌듯이 반복하게 됩니다.

　이 과정을 이번에는 수리(數理)로 설명해보겠습니다. 그러면 현실 삶이 작동되는 전체적인 구조에 접근할 수 있게 될 겁니다.

먼저 누구든 이 세상에 존재한다면 의식하든 무의식에서든 자신의 정체성을 정하게 됩니다. 자신이 특정 정체성을 적극 정하지 않더라도, 즉 '아무것도 선택하지 않는 미선택'도 선택이라는 것입니다. 만일 의식해서 선택하는 때도 이를테면 '나는 돈이 필요해'라고 자신의 정체성인 'I'(ahaṁ)를 정한다고 해도 자신의 실제 존재상태인 실상은 '돈이 필요하다'='나는 돈이 없다'이므로 '쓸 돈이 있으면 좋겠다'는 자신의 바람과는 달리 점차 돈이 부족해지는 현실을 만들어내고 맙니다.

'나는 돈이 필요하다'고 정한 '나'(ahaṁ)와는 달리 '나는 돈이 없다'고 정해버린 존재됨됨이(beingness)가 실제로 현실에서 작동합니다. 그래서 평소에 타인과 풍요를 나누지 못했고 수단이 되어야 할 돈이 목적이 되어버리고만 이런 실상이, 즉 자신의 존재상태인 一이 '三極'인 天1極·地2極·人3極이라는 일련의 현실을 만들어버린다는 것입니다.

이 '一'이라는 각자의 존재됨됨이가 먼저 '天1'을 형성하게 됩니다. 그러면 이에 대응해서 (이를테면 낮과 밤, 남성과 여성이 대응되듯이) 상대적 '地2'가 생기고, 그다음에는 이 둘의 활동에 의한 부산물인 '人3', 즉 인간계의 현상으로 드러납니다.

쉽게 설명해보면, 어머니가 아버지를 만나서 살림살이를 장만하고 자녀를 낳아 가정을 구성하듯이 나의 존재상태와 관련된 어떤 프로젝트가 천계(天界)에서 먼저 벌어지고, 그다음 지계(地界)에서 벌어지며, 그 후에 인계(人界)에서 특정 현상으로 펼쳐진다는 겁니다. 1과 2 상태에서는 감지되기 어렵고 3으로 드러났을 때에야 알아보기 쉽습니다. 이처럼 인계에 드러나는 특정 현상을 人3極이라고 하며, 타자(他者)라고 합니다.

이 三極이 펼쳐졌을 때 運用하면 즉, 運三極하면 四成이 되는데, 만일 大三極하면 삶이 다른 차원으로 전환되지 못하고 天1極 地2極 人3極이 합쳐진 六極이 되어버립니다. 이 六極은 집을 지을 때 쓰는 빈 거푸집과 같은 현실 구조입니다. 순리대로 알곡인 '四'로 가지 못하고, 前三極에 대한 탐진치(貪탐하기, 瞋싫어하기, 痴외면하기)라는 손쉬운 길을 선택함으로써 1·2·3에서 4를 건너뛰어 '六'으로 가게 되고, 여기서도 정신 차리지 못하면 외부에 七八九라는 특정 사건이 벌어지게 됩니다.

'六'은 중심이 없어서 공허하므로 天7極이 진행되는 동안 현실에서는 그 자리에 외부를 중시하는 자아 형성이 중요해집니다. 이를테면 될 수 있으면 힘 있고 화려하며 영향력이 있는 정체성을 원하게 됩니다. 그래서 어떻게든 외부의 인정을 받으려고 하고 외부에 영향을 끼치고 외부보다 우월해지려고 실상 경쟁하려는 '七'의 욕심이 시작됩니다. 그다음 그 욕심을 '八'에서 외부로 발산하기 시작하지만, 주인공의 꼬락서니를 자각하게 하려는 地8極의 의도에 들어맞지 않으므로 결국 '九'에서는 그 귀결로서 뭔가 뜻대로 되지 않는 특정 사건이 우연을 가장해서 벌어지게 함으로써 人9極의 의도가 성취됩니다. 그래도 인생에 다른 길이 있음을 깨닫지 못하면 다시 天1極으로 계속 반복됩니다.

이처럼 '九'에서도 깨닫지 못하면 다시 '一'로 넘어가긴 하는데 조금 변형된 '一'로 넘어갈 뿐입니다. 남보다 우월해지려고 경쟁하는 이 상태를 벗어나지 못해서 결과적으로 실패하는 귀결을 맞이함에도 깨닫지 못하고 다시 반복하게 되지요. 三極이라는 현상이 '자기 책임'임을 깨달아 반야를 터득할 때까지 다람쥐 쳇바퀴 도는 인생과 윤회가 지속한다고 하는데, 이를 니체는 영겁회귀(永劫回歸)라고 했습니다.

그 변형된 一'가 또 天1을, 地2를, 人3을 만들게 되겠지요. 여기서 전처럼 외부현상에 좌우되어 大三極하면 合(합)해져서 '六'이 되고, 그다음 七八九가 生(생)겨나는데, 이 '九'에서도 깨닫지 못해서 다시 시작하는 그런 존재상태를 또다시 변형된 '一''라고 합니다. 이렇게 다람쥐 쳇바퀴 돌듯이 계속 반복되는(無盡) 인생의 교훈(本)을 바로 **無盡本**(무진본)이라고 합니다.

이를 도표로 나타내본다면,

一 → 1·2·3 → 6 ~ 7·8·9 →一' → 1·2·3 → 6 ~ 7·8·9 →一''
始 析　　　大 合 生　　　終 始 析　　　大 合 生　　　終 始
나　前三極　　　後三極　　　나' 前三極　　　後三極　　　나''

정리해 본다면 '一', 즉 자신의 존재됨됨이에 따라 펼쳐진 天1極·地2極·人3極이라는 前三極이 자신의 책임임을 자각하지 않아서, 그 三極을 중대시(大)함으로써 더해져서(合) 완고해지고(六) 결국 어찌하지 못하는 우연한 사건(七八九)이 발생(生)하는데, 이런 것이 바로 **一析三極**(일석삼극)입니다.

이런 식으로 악화한 결과를 체험하는 데도 깨닫기를 거부하면 또 다른 一'로 회귀하면서 끊임없이 반복해서 각자에게 담마를 제공하는데, 이런 것이 바로 無盡本입니다.
무진본

다음은 大三極의 주요 원인인 탐진치(貪탐하기, 瞋싫어하기, 痴외면하기)에 관련해서 정리한 내용입니다. 탐하지 않기, 싫어하지 않기처럼 행위를 그만두는 것은 손쉬운 듯하나 치(痴)의 외면하지 않기는 만만하지 않습니다. 자신이 특정 행동을 해야 함을 일러주는 내면의 양심을 외면하지 않기란 냉혹한 정직이 요구되므로 상당한 도전과제입니다.

❀ 탐진치(貪瞋痴)

인간의 뇌에서 본능을 담당하는 파충류 뇌는 호흡·혈압·심장박동 등 생명체의 기본 기능을 담당하고 있습니다. 뇌간·간뇌로 구성된 인간의 파충류 뇌는 생존에 집중해서 개체의 생존과 번식에 필요한 정보를 취합해 반응하는 역할을 합니다.

붓다는 생존에 기초한 뇌의 작동방식을 탐진치라고 했습니다. 대상이 자신에게 나타난 이유를 모르는 무명(無明 avijjā)에다 대상을 자신의 존재상태와 연결하지 못하는 식(識 viññāṇa)의 상태에서 자신의 먹이가 나타난 상황이 자신에게 유리하다 싶어서 욕망으로 달려드는 행동이 탐(貪 rāga)이고, 대상과 영역이 겹치는 적이거나 자신이 굶주리면 어쩔 수 없이 싸우는 행동이 진(瞋 dosa)이며, 대상이 자신보다 강해서 도망가거나 만일 싸우더라도 손실이 크다고 여겨 회피하는 행동을 치(痴 moha)라고 합니다.

이런 좋거나 싫거나 무시하는 감정(受 vedanā)에 기초한 행동은 인간으로 하여금 세상에 적응하고 생존하도록 돕는 에고의 기능이기도 하지만, 생존에 급급해하는 투쟁·도주반응(fight-or-flight reaction)은 마주하는 대상과 상황에 따라서 오히려 유익한 기회를 놓치게 함으로써 삶을 어렵게 만들기도 합니다.

맛지마니까야(M44)에 "즐거운 감정에 탐착의 성향이, 괴로운 감정에 부정(否定 paṭigh)의 성향이, 무시하는 감정에 무명의 성향이 잠재한다. 치(痴 moha)에 무명(無明)이 대응하고, 무명에 명지(明知)가 대응하며, 명지에 해탈(解脫 vimutti)이 대응하고, 해탈에 열반(涅槃 nibbāna)이 대응한다."고 합니다. 앙굿따라니까야(A3:66)에는 '탐(貪)은 욕심의 뿌리이고, 진(瞋)은 악의의 뿌리이며, 치(痴)는 무명의 뿌리다.'고 합니다.

대상에 대한 좋은 감정으로 '내가 갖겠다'고 하는 탐(貪), 싫은 감정으로 '내가 옳다'고 하는 진(瞋), 무시하는 감정으로 '내가 잘났다'고 하는 치(痴)라는 자기중심적 태도가 무의식에 있으므로 붓다는 이 '파충류 뇌'가 일으키는 탐진치를 극복하지 않고는 깨달음에 이를 수 없다고 합니다. 앙굿따라니까야(A3:68)에 '탐착은 허물이 작으나 더디게 벗어납니다. 성냄은 허물이 크나 빠르게 벗어납니다. 외면은 허물도 크고 더디게 벗어난다.'고 합니다.

⊖ 탐(貪)

　탐(貪)은 자신의 욕망을 채워주리라고 여기는 대상을 획득하려는 속셈으로 어찌해서든 대상을 끌어당김으로써 자주 함정에 빠져버리는 저팔계(猪八戒)처럼 욕심내는 태도를 말합니다. 이런 감정은 탐욕·집착·욕심·맹목성·들뜸·망상·현혹으로 드러납니다.

　좋아하는 상(相)에 그르게 마음을 일으키는 욕락의 태도가 탐(貪)입니다. 도파민이나 엔도르핀이 관련되어 발생하는 탐(貪)은 일정 거리를 두고서 관찰해보는 평정(捨 upekhā)을 갖춤으로써 없어진다고 합니다.

　앙굿따라니까야(A6:63)에 "인간의 욕락(慾樂 kāma)은 지향하는 탐착(貪 rāga)이지 세상의 아름다운 대상이 아니다. 현명한 자는 아름다운 대상에 대한 욕(欲 chanda)을 길들인다."고 합니다.

⊖ 진(瞋)

　진(瞋)은 자신의 욕망을 채워주지 못하리라고 여기는 대상을 내치려는 속셈으로 어찌해서든 대상을 배척함으로써 많은 적을 만들어버리는 손오공(孫悟空)처럼 적대시하는 태도를 말합니다. 이런 감정은 분노·혐오·질투·후회·인색으로 드러납니다.

　부정(否定 paṭigh)하고 싶은 상(相)에 그르게 마음을 일으키는 욕락의 태도가 진입니다. 노르아드레날린이 관련되어 발생하는 진(瞋)은 대상에 대한 사랑인 자애와 연민을 갖춤으로써 없어집니다.

　쌍윳따니까야(S1:71)에 '꼭지에는 (달콤한) 꿀이 있지만, 뿌리에는 (고통을 주는) 독(毒)이 있듯이 타인을 학대하면서 쾌감을 느끼는 마조

히즘은 결국 자신에게 고통을 일으키는 독을 준다.'고 합니다.

㊀ 치(痴)

치(痴)는 대상에 관여하면 자신의 안전이 위협받으리라고 여겨서 대상을 무시하려는 속셈으로 어찌해서든 대상을 외면하거나 회피함으로써 주어진 기회를 놓쳐버리거나 오히려 위험에 처하는 사오정(沙悟淨)처럼 무분별한 태도를 말합니다. 이런 감정은 외면·무지·미혹으로 드러납니다. 무명(無明)에 고루(痼漏 āsava)가 더해져서 치(痴)라고 합니다.

좋아하지도 싫어하지도 않은 듯하나 귀찮은 상(相)에 그르게 마음을 일으키는 냉혹한 태도가 치(痴)입니다. 세로토닌이 관련되어 발생하는 치(痴)는 현상의 인과, 즉 자신에게 주는 의미를 알아보는 반야를 갖춤으로써 없어집니다.

사실상 치(痴) 때문에 생기는 결과인 탐진(貪瞋)의 상태를 이해하기가 어렵지 않으나 치(痴)에 대해서 제대로 설명된 것을 접하기 어렵습니다. 치(痴)가 대상에 대해 몰두하거나 분노해야 한다는 진실을 알고도 회피하게 하므로 탐진(貪瞋)보다는 더 근원적인 고루(痼漏)입니다. 물에 빠진 이를 보면 우리는 대부분 외면하거나 도피하지 않습니다. 이처럼 우리는 어려운 처지에 있는 사람을 구하는 것을 당연하게 여기기도 하지만, 만일 자신의 안전이 위협받을 것 같으면 달라져서 상황을 외면·도피하기 쉬운데, 이런 행동이 바로 치(痴)입니다. 엉터리 중도(中道)를 핑계로 시류에 영합해서 몸조심하는 기회주의적 행태도 치(痴)입니다.

치(痴)는 괜히 참견했다가는 골치 아픈 일들이 벌어지리라고 예상되므로 몸조심하려고 상황을 외면하는 것입니다. 그럼에도 평소에는 정의로워져야 한다고 명분을 내세우거나 가끔 한 번 선행한 것으로 진짜 자신이 정의롭다고 착오합니다. 9번이나 상황에서 도피해놓고도 1번 참여를 대단한 것으로 부풀립니다.

　수행인이 부모나 타자들의 언행 불일치를 보고도 (자신의 생존에 지장을 초래하므로) 눈감는다면 치(痴)입니다. 말로는 정의로워지라고 하면서 정작 자신은 이런저런 명분으로 특정 행동을 취하지 않는 스승을 보고도 (사제지간에 지장을 초래할까 봐) 따지지 않는다면 치(痴)입니다. '하느님과 재물을 동시에 섬길 수 없다'고 하는 예수의 말을 무시하는 목사를 (신의 일을 하는 목자에게 따지면 신이 불이익을 줄까 봐) 따른다면 치(痴)입니다. 겉으로는 신도들에게 세속에서 벗어나라고 하면서 정작 자신은 세속적인 것을 즐기면서도 활용할 뿐이라는 스님에게 (그래도 수행에 애쓰므로) 지적하지 않는다면 치(痴)입니다. 말로는 국민을 위해서 정치한다고 하면서도 행동으로는 국민을 무시하는 정치인을 (힘있는 이를 건드리면 보복받을까 봐) 문제 삼지 않는다면 치(痴)입니다.

　이 탐진치(貪瞋痴)에 대한 자각은 수행인에게 해당하는 덕목이지 일반인이 지키거나 실천하지 않는다고 해서 나쁘다거나 잘못이라는 말이 아닙니다. 그럼에도 일반인일지라도 (죽음을 각오한) 용기를 내서 자신에게서 (수행에서 가장 어렵다고 하는) 치(痴)를 멸해버린다면 틀림없이 조만간 깨달음에 이르는 계기가 있을 것입니다. 무명의 뿌리인 치(痴)가 해결되면 명지(明知)에 돌입할 수 있기 때문입니다. 필자도 (그때는 몰랐으나) 이런 식으로 치(痴)를 해결한 덕에 다양한 명지를 얻을 기회를 맞이했다고 확신합니다. '오직 모를 뿐이다'는 숭산의 방법보다 용기로써 치(痴)를 해결하는 방법이 더 빠릅니다. 진실에 서서 진실을 말할 기회를 놓치지 않는 방식입니다.

바른 작심(作心 manasikara)이 바로 정견이며, 그른 작심이 치(痴)이므로 치(痴)를 해결하면 정견(正見 sammādiṭṭhi)이 펼쳐지고 지속해나가면 무명이 타파되는 셈입니다. 그러나 탐진치를 제거하지 않으면 깨달음은 아득하다고 합니다. 특히나 치(痴)를 무시하면 탐진(貪瞋)의 제거는 불가능하다고 합니다.

그래서 지속해서 치를 해결할 기회를 놓쳐버리면 치(痴)가 들어간 치매(癡呆) 현상, 즉 살아있어도 사실상 죽어있는 치매증상이 펼쳐집니다. 알다시피 상대의 불의한 행위를 눈감으면 자신도 언젠가 그런 행위를 저지르고 맙니다. 비틀거리며 앞으로 걸어가나 자신이 어디로 가는지를 모르는 눈먼 짐승이 되어버립니다.

이런 점에서 치매에 걸린 이들은 아마도 말 못할 진실을 가슴에 품고 있거나 반복해서 진실을 외면해왔을 가능성이 많습니다. 자신이 말이나 행동으로 진실을 드러내야 한다는 사실을 알고도 회피해왔고, 눈에 흙이 들어갈 때까지 즉 죽어서 무덤에 묻혀서라도 가슴속에 비밀을 간직해야 한다고 굳게 믿기 때문입니다.

그래서 숫타니파타(Snp730)에서 무명이 커다란 치(痴)여서 오랫동안 윤회한다고, 즉 한마디로 치(痴)로 말미암아 무명이 쌓인다는 것이며 이 때문에 괴로운 윤회과정을 반복한다고 합니다. 지금 이 순간 용기를 내서 맞닥뜨리지 못하고 자신이 행동해야 할 진실(뭘 해야 할지는 진실에 관심을 두면 알아질 기회가 절로 온다)을 외면하고 회피한다면, 이 상태는 반복(윤회)한다고 해서 니체는 영겁회귀(永劫回歸)라고 했습니다.

지금 이 땅에서 110여 년 전에 벌어진 일본의 강도질이 반복되려고 하고, 한 세대 전에 판치던 독재가 다른 모습으로 펼쳐지는 것을 알아차리지 못하는 국가적 치매증세를 보이고 있습니다. 이 땅의 사회적 풍토는 자기 정체성을 먼저 명확하게 드러내면 확실히 불이익을 받기 쉬운 듯 보이지만, 오히려 이런 환경이 진실을 드러내는 용기 있는 존재가 됨으로써 진일보할 기회를 풍부하게 제공하고 있다고 봅니다.

만일 세상의 불의(不義)를 타파하기 위해서 '**자발적으로**'(대가를 기대하지 않고서) 사회운동에 뛰어든다면 무명을 타파하는 것과 똑같은 효과를 낳습니다.

여기서 중요한 점은 수행에서 '자신이 옳게 행한다'는 생각을 내려놓아야 하듯이 운동에서도 '자신이 옳은 일을 한다'는 생각을 내려놓아야 한다는 진실입니다. (수행이 그렇듯이) 단순히 자신이 할 일이라서, 세상을 위해서, 후세들을 위해서 기대 없이 자신을 던지는 방식이어야 한다는 것입니다. 수행에서 남을 따라 하면 무명 타파가 어렵듯이 운동에서도 남을 따라 하면 불의 타파가 어려우므로 자기만의 소신으로 해야 합니다. 수행에서 팔성도를 실천할 때라야 실아(實我 atta)를 알아보듯이 운동에서도 (배후조종이나 이론이 아니라) 몸으로 실행할 때라야 자기 진면목을 알아보게 됩니다. (오히려 뒤에서 조종하는 이들이 실제 삶을 깨닫기 어렵습니다.)

햄릿처럼 계산하지 않아서 치(痴)를 해결한 안중근 의사 같은 분들은 상당 부분 명지 상태가 되었고(1909년 그 당시에도 자기 삶의 소명을 알았다고 함) 적어도 불환자(不還者 anāgāmī)가 되었으리라고 봅니다. 붓다가 자주 언급한 '청정한 삶은 성취되었으며 (태어나서) 할 일(목적)을 다 했으므로 다시는 윤회하지 않는다.'대로 실행했기 때문입니다. 여기서 할 일인 삶의 목적은 이 세상에 들어올 때 각자 계획한 고유의 목적(이데아, 207쪽 참고)을 말합니다. 확실한 것은 정견(正見)의 경우처럼 그 목적을 실천하기로 결단했을 때에야 (길이 보이므로) 알게 된다는 점입니다.

⊙ 運三極 四成 環五十 ⇒ '一積十鉅'

각자가 자신의 존재됨됨이에 따라 펼쳐진 전3극(前三極)이라는 현상을 제대로 운용한다면(運) 사(四)를 완성해가는(成) 덕분에 오(五)와 십(十)이란 고리(環)를 형성한다. 이것이 바로 '나의 존재됨됨이(一)가 완전한 십(十)이라는 단련된 경지로(鉅) 한 단계씩 닦여간다(積)'는 '일적십거(一積十鉅)'와 대응된다.

이 구절은 대전제인 1문단의 둘째 구절의 一積十鉅를 자세히 풀어서 설명한다고 했습니다. 따라서 앞에 '一積'을 넣어서 一積 運三極 四成 環五十이라고 보면 도움됩니다. 그러면 '一', 즉 나의 존재됨됨이가 한 단계씩 닦여간다면(積) 運三極하여 四成한 덕에 五十의 고리(環)가 형성된다는 것이 됩니다.

앞에서 설명했듯이 運三極은, 같은 출세간 문장인 3문단 둘째 구절 중 用變에서 얻은 힌트를 통해 三極을 잘 활용하고 운용한다는 의미임을 알 수 있었습니다. 즉, 三極을 '자신의 변화'에 운용한다는 것입니다.

이것은 三極이라는 외부현상이 벌어질 때마다 그 현상을 자신의 존재상태와 연결해보고, 그 현상이 벌어지는 취지를 알아본 다음에 '타인의 변화'가 아니라 '자신의 변화' 기회로 적극 적용하는 태도를 말합니다.

그런데 외부에 제시된 상황을 '자신의 변화'에 운용하는 運三極을 통해서 四成, 즉 '四'를 완성해간다고 합니다. 그러면 四에 관련해서 탐구하기 전에 먼저 '四成'과 '成四'의 차이에 관해 알아보겠습니다.

'도(道)의 경지를 이룬다'는 성도(成道)와 '도(道)가 완성된다'는 도성(道成)이 다르듯이 '四를 성취한다'는 성사(成四)와 '四가 완성된다'는 사성(四成)은 다릅니다. 완성되어 있던 四에 도달한다는 성사(成四)가 아니라, '四成'이란 '四가 완성된다' = '四가 완성을 향해서 간다.' = '四가 완성되어 진다', 즉 '四를 완성해간다'는 뉘앙스입니다. 이를테면 '법관이 되려고 법을 공부하는' 방식이 아니라 '법을 공부하다 보니 법관이 된다'는 방식입니다. 즉 목적이 아니라 과정을 중시하는 방식입니다.

얼마 전 천부경을 궁구하면서 '成四'가 아니라 '四成'이라고 한 이유가 엄청나게 궁금했습니다. 그런데 그 이유를 천부경의 전체 맥락을 파악하고 나서야 알게 됐습니다. 그것은 運三極을 통해서 자신에게 제시된 인생 과제를 알게 된 후에 '四'를 완성해가려고 노력하는 과정에 자연스럽게 '五'와 '十'이라는 고리를 형성하게 되기 때문입니다.

신에 대한 절대 신앙이나 절대 경지를 부추기는 수행은 한방에 삶의 숙제를 풀어낼 수 있다는 기대와 교만을 줌으로써 일종의 미끼처럼 작동하기도 합니다. 대다수 수행자는 (문자적 의미에만 매달려서) 번뇌를 해결함으로써 다른 과정을 건너뛰어 열반으로 직행하는 사실상 한방주의에 매달린 형편입니다. 하지만 이것은 수행의 계기가 될 수 있을 뿐입니다.

한방주의처럼 여겨져 온 붓다는 실제로 29세(평균수명으로 본다면 요즘 나이로는 50세)에 출가할 때까지 세속적인 훈련을 통해 온갖 학문·기예·교양을 겸비하여 문무(文武)에 출중한 실력을 갖추는 과정을 겪었을 뿐만 아니라 출가 이후에도 6년간 수행에 관련해 상당 수준의 체험에 도달한 연후에야 새로운 '안으로(ajjhattaṃ) 사마타' 그리고 붓다만의 '탁월한 반야의 메시지(adhipaññādhamma)라는 위파사나'를 창안한 것입니다.

니까야에는 붓다께서 브라만에게 신분 때문에 브라만이 되는 것이 아니라 실제 행위가 브라만다우므로 브라만이라고 지적하면서 그들도 모르는 브라만의 유래와 역사에 관해 구체적으로 심도 있게 일깨워주는 내용이 곧잘 등장합니다. 그래서 붓다는 상당 수준에 이르러야 터득하는 고집환로(苦集還路)보다 기본소양인 '지집환로'(知集還路)를 강조했습니다.

이렇듯 '四'를 완성해가려고 끊임없이 노력해가는 점은 '선업(善業)을 계발하며 유지하려고 노력한다'는 붓다의 정정진(正精進), '목적이 선해서가 아니라 어떤 상황이든 이를테면 성공했든 실패했든 오로지 선(善)해지려고 온갖 노력을 다하려는 활동 그 자체로 선하다'는 칸트의 선의지(善意志), '정성을 다하려고 노력한다'는 중용(中庸)의 성지(誠之)에서 추구하는 끈기와 같습니다.

저도 한방주의가 있다고 고백해야겠네요. 창조주인 신에게 상을 받으려면 신의 칭찬과 인정을 받아야 한다고 합니다. 그런데 그 경지가 되려면 욕심이 없어야 하는데도 욕심도 많고 질투도 많고 게으른 저는 그 경지에 도달하려니 자신도 없고 너무 힘들다 여겼습니다. 하지만 포기하기에는 아깝고 한 걸음 한걸음 완성해가려면 감질나고 힘드니깐 한 방에 획득하는 비법을 찾기 시작한 저는 그런 존재상태가 된 듯이 위장하기로 했어요.

다행히 이 전략이 주변에 먹혀들었고 긴 세월을 지속했는데, 그 결과 내가 그런 경지에 이른 줄 상상하고 착각하는 환상 속에 살아왔네요. 겉으로는 엄청나게 잘난 척 위장한 모습을 내 모습이라고 알았지만, 돌발적으로 튀어나오는 숨겨진 진면목은 나를 무척 힘들게 했군요. 그동안 주변을 속이고 나도 속고 있었다는 믿고 싶지 않은, 믿지 않을 수 없는 사실만 남았네요. 실질적인 실력을 갖추는 노력 없이 한 방에 공짜로 거저먹으려다 세월만 죽이고 껍데기만 남았군요.

이제 단군신화의 비밀과 관련된 중대한 '四'에 관련해서 설명해보겠습니다.

❀ 사(四)

드디어 '四!' 이군요.

서두에서 제가 조금 말씀드렸듯이 저에게 4에 대한 인식은 죽을 四(死가 아닌데도), 공포의 四, 두려운 四, 재수 없는 四등 너무 부정적이랍니다. 게다가 대체로 4동 4층 4호가 없는 병원, 그리고 엘리베이터의 'F' 표시가 내 두려움을 숨겨주니 고맙게까지 여길 정도로 피해야 할 나쁜 '四'라고 여기고 있네요.

앞에서 잠깐 언급했듯이 '四'는 천부경에서 특별히 중요합니다. 지금부터 천부경에서 말하는 '四'와 四를 완성해간다는 '四成'에 관해 살펴보겠습니다.

앞에서 각자의 존재상태에 따라 天1極·地2極·人3極의 메커니즘이 작동한다고 했습니다. 그런데 이 前三極에 대한 주인공의 태도에 따라 두 갈래의 다음 상태로 진행하게 됩니다. 그래서 大三極이라는 탐진치의 태도를 보이면 六을 거쳐서 後三極의 오로(誤路)로 가게 된다는 점을 앞에서 서술했습니다. 반면에 運三極이라는 성찰의 태도를 보일 때, 즉 자신 앞에 펼쳐진 현상에 대한 책임이 바로 자신에게 있음을 자각함으로써 人3極 중에 자신의 모습이 있음을 알아본다면, 자신의 모습을 반영해주는 그 人3極이 4極의 역할을 하기 시작함으로써 성공한 前三極의 프로젝트팀이 4極으로 재구성된다는 것입니다.

72쪽의 서술처럼 수리(數理)로 본다고 해도 어머니가 아버지를 만나서 살림살이를 장만하고 자녀를 낳아 안정된 가정에 변화를 주려면 외부의 자극이 요구되므로 제4의 구성원이 들어와야 합니다. 이처럼 안정적인 '3'에 변화가 일어나려면 촉매의 역할을 맡는 '4'가 필요합니다.

역학의 1·6水, 2·7火, 3·8木, 4·9金 중에 가을을 의미하는 4·9金이 나를 열매 맺게 해주고, 나를 완성해주며, 나를 진실하게 해준다고 하는데, 四는 자신이 실제로 되고자 하는 참모습을 일깨워줍니다. 여기서 주의할 점은 4金이 '저절로' 자신을 완성하게 해주지 않으며, 자신이 '四'를 알아보고 '四'를 완성해가야만 된다는 겁니다.

이 '4金'이 바로 四인데, 4金이 역학(易學)에서 도출되는 과정을 알아보면 만물이 물에서 시작된다는 점에서 1水에서 출발합니다. 그다음 1水에 상대성으로서 2火가 제시되고, 그 과정에 3木이 모습을 드러낸다고 합니다. 그리고 4金이 균형을 맞추려고 3木의 반대편에 자리를 잡습니다. 그리고 5土가 중앙에 자리하고서 통합하는 역할을 합니다.

그런데 천부경과는 달리 역학(易學)이 특히 상생상극(相生相克) 부분은 우리의 실생활에 적합하게 들어맞지 않습니다. 이를테면 木과 火의 관계를 목생화(木生火)라고 하나 이는 이론적으로 그렇다는 것이지 현실에서 큰 나무가 불을 꺼버릴 수 있는 점을 적합하게 반영하지 못합니다. 다만 오행(五行)에서 에너지(氣)의 원론적 역학관계 정도만 참고하면 된다고 봅니다.

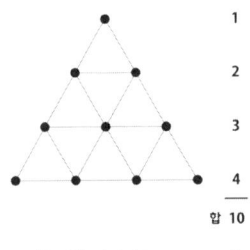

테트락티스(Tetractys)

피타고라스학파에서 4는 서약의 숫자이고, 신성을 상징하는 4와 10은 성수(聖數)입니다. 빛을 상징하는 5는 짝수(2)와 홀수(3)의 결혼을, 10은 완성, 부활을 의미합니다.

피타고라스의 기도 Pythagorean prayer

사람과 신을 낳는 신성한 수(數)여!	Bless us, divine number,
우리에게 은총을 주소서	thou who generated gods and men!
오! 거룩하고 거룩한 테트락티스여!	O holy, holy Tetractys,
그대는 영원히 흘러가는	thou that containest
창조의 뿌리이자 원천!	the root and source
그 신성한 수(數)는	of the eternally flowing creation!
심오하고 순수한 통합을	For the divine number begins
시작할 때에야 비로소	with the profound, pure unity
거룩한 '4'에 이르기 때문이다.	until it comes to the holy four;
그대는 만유의 어머니이자	then it begets the mother of all,
일체를 구성하고	the all-comprising,
일체를 제한하며,	all-bounding,
첫 번째 완성인데도	the first-born,
절대로 벗어나지 않고	the never-swerving,
절대로 포기하지 않는,	the never-tiring holy ten,
만능키인 숭고한 '10'을 낳는다네.	the keyholder of all.

그다음 '四'를 완성해가려면 먼저 '四'를 알아볼 수 있어야 합니다. 四를 알아본다는 것은 자신이 人3極(인3극) 중에서 맞상대를 알아본다는 말입니다. 人3極의 역할을 하는 사람 중 어떤 사람이 나의 맞상대인지를, 특히 겉보기가 아닌 내면이 상반된 대상인지를 알아볼 때, 즉

運三極 四成 環五十

상대가 나를 완성하게 해줄 사람임을 알아볼 때, 그 상대방을 바로 '四'라고 합니다.

이는 주변 사람 중에 나를 완성해줄 사람이 숨겨져 있다는 겁니다. 그 사람 중에서 나하고 반대인 사람, 나 아닌 사람, 원수처럼 미워지는 사람, (자신과 비슷하다면 부러워하지 않을 것이므로) 본받고는 싶은데 부담되는 사람, 마주칠까 봐 겁나는 사람, 회피하는데도 이상하게 엮이는 사람, 특정 행위를 내 앞에서 반복하는 사람, 내가 취약한 때에 맞춰서 나타나는 사람, 나의 단점을 족집게처럼 집어내는 사람 등이 바로 '四'입니다.

이처럼 나하고 비슷한 유유상종의 색(色)이 아니라 나하고 다른 빛을 만날 때, 그것도 완전히 상반된 빛을 만나 통합을 시작할 때에야, 자신이 수행의 길에 들어섰다고 볼 수 있는 겁니다. 그런 타자(四)를 알아보고(覽) '그림자 통합작업'을 해내야만 바로 진짜 사람(四覽)이 된다는 거죠. 이것이 말장난처럼 들릴 수도 있겠으나 여기에 근거가 있습니다.

천부경(天符經)이 옛날 환웅시대부터 전해진 거잖아요. 그리고 그때 단군의 탄생에 관련한 신화가 있습니다. 그런데 이 단군신화(檀君神話)에 '四'라는 타자를 통한 그림자 통합과정이 상징적으로 들어 있습니다.

단군신화의 내용을 살펴보면, 천부인(天符印)을 받아 이 세상에 내려온 환웅에게 곰하고 호랑이가 사람이 되고 싶다고 하지요. 그래서 쑥과 마늘(蒜)을 먹으면서 동굴 속에서 견뎌내라고 합니다. 그 과정을 견디어낸 곰이 사람이 되어서 환웅과 결혼하게 되고, 그다음 단군을 낳는다는 이야기죠.

짐승 중에서 끈기가 부족한 호랑이는 사람이 되는 데 실패하지만, 끈기로 견뎌낸 곰은 성공합니다. 짐승이 사람으로 상승한다는 것이죠.

그 쑥과 마늘은 독하므로 대다수 싫어합니다. 그리고 동굴에 들어가 보면 깜깜한 어둠이거든요. 이런 싫고 어두운 것을 심리학에서 그림자(shadow)라고 합니다. 그 깜깜한 동굴 속에서 쑥과 마늘을 먹고 견디는 것은 너무나 두렵고 외롭고 힘든 일이지요. 하지만 짐승이 그 힘든 과정을 견뎌낼 때 바로 사람이 된다는 것을 이 신화는 이야기해 줍니다.

대부분 현실의 삶은 사실상 짐승과 다를 바 없습니다. 야생의 짐승들이 생존에 급급해하듯이 인간들도 대다수 생존에 급급해하며 현실을 살고 있잖아요. 내일을 걱정해서 안전지대를 위해서 어떻게 해서든 돈을 많이 벌고, 남보다 우월해지려고 하는 것이 다 살아남기라는 생존(生存)인 셈이죠. 이게 다 일신과 가족이 먹고사는 데 급급해하는 짐승의 방식과 다를 바가 없다는 거죠.

이렇게 생존에 급급한 것을 붓다께서 오온(五蘊)의 복합체인 까야(에고, kāya)라고 했습니다. 이 짐승의 상태에서 사람의 상태가 되려면 단군신화에 나와 있듯이 백일을 각오로 시작하여 삼칠일(三七日) 동안 지독한 마늘과 쑥을 먹고 어둠을 견뎌내야 한다는 겁니다. 그래서 삼칠일(三七日) 동안 금기를 지키듯이 수행인이라면 21일간 그림자를 견뎌내야 하고, 백일이 될 때까지 몸조리하듯이 마음을 성숙시킴으로써 四를 완성해야 함을 일깨워줍니다. 이것이 소위 금수대도술(禽獸大道術)입니다.

이런 식으로 四를 완성해갈 때, 즉 자신의 그림자인 四를 알아보고(覽) 사람(四覽)이 되어가다 보면, 2와3 그리고 4와1이 합쳐져서 '5'가 돼서 결혼하는 거예요. 이게 바로 사람이 된 웅녀와 환웅이 결혼한다는 것입니다. 그리고 결혼한 다음에 낳는 단군이 바로 '10'이거든요. '열 十'을 낳아서 거기서 홍익(弘益)하는 인간이, 이화(理化)하는 세계가 열리는 겁니다.

반면에 끈기로써 '四'의 존재됨됨이를 완성해나간 곰과는 달리, 욕심으로써 우월한 입지를 꿈꾸며 삼칠일(三七日) 21일간 그림자를 견뎌내지 않고 백일이 될 때까지 몸조리하듯이 마음을 성숙시키지 않는 호랑이는 백수(百獸)의 왕으로 행세하는 짐승 같은 생활(六)을 지속하게 됩니다.

이렇게 천부경의 四와 단군신화가 의미상 맞물린다는 점 대단히 놀랍지 않습니까? 솔직히 과거 단군신화의 내용을 접하고서 그 신화가 이 땅의 구성원들에게, 특히나 나에게 주는 의미가 무척 궁금했거든요.

이런 점에서 여러분이 종교단체나 수행단체에 소속되어 있다고 해서 수행하고 있다고 생각한다면 그건 오산입니다. 그 집단의 장이 이야기하는 말을 잘 듣는 것은 수행이라고 할 수 없습니다. 오히려 수행단체 내에서 마음에 들지 않는 어려운 사람을 만나서 그 사람을 통해서 그림자 통합작업을 해가는 것이 수행입니다. 적어도 단군신화에 의하면 그렇다는 거지요.

'四'에 대해서는 좀 더 설명해보면 우리가 보석 같은 사람을 만난다고 하잖아요. 보석 같은 사람이란 人3의 무리 중에서 내 마음에 안 들고 또 나를 힘들게 하지만 나를 깨닫게 해주고 나를 완성해주는 사람을 말합니다.

보석에 대한 다양한 비유가 있는데 성경에 보면 예수님께서 '천국은 마치 밭에 감춰진 보화와 같아서 사람이 보화를 발견하면 그대로 덮어두고 기뻐하며 집으로 돌아가 전 재산을 팔아서 그 밭을 사버린다.'는 비유의 말씀을 합니다.

보화를 발견한다면 모든 재산을 팔아서 그 보석을 사버리듯이 마음에 들지 않는 보석(4金) 같은 사람, 즉 자신을 완전하게 해줄 상대한테 온 마음을 바쳐 대접하라는 겁니다. 예수님이 제안한 방식을 신뢰로 결단해서 실행해보면 새로운 길이 열립니다. 영적 투기를 결행하라는 거죠.

사실 '다걸기'(all-in)를 하라는 것이죠. 보석이 있다고 가진 걸 팔아 밭을 사는 것은 다걸기 아니겠습니까? 재산을 거기다 전부 투자하는 게 오히려 삶이라는 겁니다. 예수님은 "자신을 찾아온 부자에게 가진 재산을 몽땅 팔아서 가난한 사람한테 나눠주고 오라"고 말씀했어요. 이 말의 전제를 확인해보면 예수님은 '완전해지고 싶다면'이라고 했습니다.

둘 다 같은 맥락입니다. 이런 방식을 결행했을 때에야 보석에 접근할 수 있기 때문입니다. 사실 지금 이야기하는 보석을 구하는 이러한 길을 걸어가기가 쉽지 않습니다. 소위 미쳤다는 이야기도 듣게 됩니다. 여기서 미쳤다고 하는 것은 내가 어려운 길을 가기 때문에, 사람들이 이해되지 않는 길을 가기 때문에 미쳤다고 하는 것이지, 특정 책에 빠져버리거나 도리를 다하지 않아서 미쳤다고 하는 것과 다릅니다. 어쨌든 남이 가지 않는 길을 가므로 저항이 만만치 않고, 이것은 외로운 길이고 고독한 길이며 무소의 뿔처럼 혼자 가는 길이고 동굴 속의 길입니다.

이 점을 볼 때 수행을 시작하려고 한다면 서원(誓願)을 세워야 합니다. 바로 사람이 되겠다는 서원입니다. 단군신화에서도 곰과 호랑이가 '사람이 되고 싶다'고 간청합니다. 가만히 있는데 '야! 너희 사람이 되어볼래?' 이런 게 아닙니다.

서원을 세운 다음에는 사실상 자신 때문에 나타난 人3의 사람 중에서 마음에 들지 않는, 특히 나를 헐뜯는 사람을 통해 수행의 길을 가는 것이 바로 고독한 길이고 동굴 속에서 어둠을 견뎌내는 길입니다. 방법은 미리 걱정할 필요가 없습니다. 결단해서 실제로 시작하면 우주가 각자에게 가장 적합한 本(담마)을 통해서 친절히 일러줍니다. 그래서 '제자가 준비되면 스승이 나타난다'는 의미를 깨닫게 됩니다.

　　四가 그림자이며 자기와의 통합으로, 동굴 속 웅녀가 四람(覽)이 되며 환웅과 낳은 단군의 홍익인간 재세이화 신화로, 어렵고 기나 긴 두 이야기의 진면목을 쌍칼로 파헤쳐 단번에 엮어내는 주우님의 四에 대한 통찰에 저는 끼어들 새도 잊고 숨죽인 채 들었습니다. 자신의 간절한 바람으로 쓴맛과 매운맛을 견뎌내며 그림자 통합을 이루어 사람(四覽)이 되기 전에는 짐승이라는 말씀이 제 가슴에 비수가 되어 꽂힙니다. 그동안 저는 무섭고 두렵다고 맹신해서 '4'를 어쨌든 피하려고만 했는데, 오히려 성장을 돕는 '四'였다니 기가 막힐 노릇이군요. 이 땅의 정신적 유산인 천부경을 통해 성장을 방해한 뿌리 깊은 四의 오류를, '四와 함께한다'는 의미인 '四랑'으로 바로 잡아 주셔서 감사합니다. 성장을 바란다면서도 四를 피했던 저는 이제 성장하겠다는 의지로 四를 반기며 '四랑하게' 되었군요. 반전의 '四'입니다.

자신과 상반된 사람을 만나서 그림자 작업하는 데 도움되는 책이 있습니다. 데비 포드의 『그림자 그리고』라는 책이 있는데, 실증적인 예를 아주 자세히 잘 설명해놓았습니다. 그림자 통합 작업에 관련된 책 중에서 이 책보다 더 괜찮은 책은 제가 지금까지는 발견하지 못했습니다. (검색해보시면 무료로 볼 수 있으니 참고하십시오.)

> # 숫자가 상징하는 의미
> 1은 광물, 2는 식물, 3은 동물, 4는 사람, 5는 현자(賢者), 6은 천사라고 합니다. 그중 4란 숫자에는 시련과 선택의 갈림길을 뜻하는 교차점이 있고, 이에 도달한 사람은 3과 5의 교차로에 있으므로 높은 현자의 단계로 나아갈 수도, 동물의 단계로 되돌아갈 수도 있다고 합니다. 그리고 5란 숫자는 하늘에 매여 있으나 땅에 대한 사랑을 나타내고, 이에 도달한 현자는 보통의 인간이 지니고 있는 동물성에서 벗어나 있고, 세상사에 대해서 거리를 두며 본능이나 감정에 휩쓸려 행동하지는 않으며, 두려움과 욕망을 이겨낸 존재이므로 다른 인간과 거리를 두면서도 인간과 지구를 사랑한다고 합니다.
>
> -베르나르 베르베르의 『신』에서 발췌 정리

❈ 환오십(環五十)

環(환)은 고리를 형성한다는 건데 갑골문으로 보면 동그라미 두 개가 겹쳐있는 모양(다음 쪽 그림 참고)입니다. 두 개의 원이 겹쳐서 서로 고리를 이루고 있습니다. 이 모양으로 볼 때 고리를 형성하는 것은 한 개가 아니고 두 개입니다.

일단 왜 環五七(환오칠)이 아니라 環五十(환오십)이 되는지 이유를 설명하겠습니다. 지금 사람들이 접하고 있는 천부경이라는 텍스트 근원에는 고대의 글자를 한자로 번역한 신라 때의 최치원 그리고 이 글을 발견하여 세상에 알린 계연수라는 분이 있습니다. 대다수 사람처럼 이 텍스트를 처음 접한 계연수라는 분도 천부경에 숫자가 많으니까 수리(數理)로 비밀을 풀어보려고 엄청나게 노력했을 겁니다. 그런데 環五七(환오칠)로 해서 31개인 숫자를 다 합쳐 보면 99가 됩니다. 그러면 9×9=81이 되어 수리로 설명하기에 엄청나게 괜찮은 듯이 보였던 겁니다. 그런데 이것은 사실이 아닙니다.

앞에서 이야기했듯이 천부경에서 수리로 되어있는 부분은 둘째 문단뿐이고, 나머지는 수리가 중심이 아니므로 수리로 풀면 절대 풀리지 않습니다.

고대 글자에서 '七(칠)'과 '十(십)'은 모양이 비슷합니다. 갑골문에서 '七'이 지금의 '十'자와 비슷하고, 十은 오히려 아라비아 숫자 1과 비슷합니다. 이 때문에 계연수님이 혼선을 일으켜 環五七(환오칠)로 했으리라 여깁니다.

그리고 環五十이 될 수밖에 없는 또 다른 이유는 앞서 이야기했듯이 '運三極 四成 環五十'이 대원리를 제시한 첫째 문단의 一積十鉅를 설명해주는 구절이기 때문입니다. 즉 외부의 근거가 아니더라도 천부경 자체가 環五七(환오칠)이 아니라 環五十(환오십)임을 증명하고 있다는 것입니다.

'運三極 四成 環五十'이 바로 완전한 十의 경지로 닦아간다는 '一積十鉅'의 설명입니다. 즉 각자의 존재됨됨이가 완전한 10(十)이라는 단련된 경지로(鉅) 한 걸음씩 계단을 올라가듯이 상승하며 닦여간다(積)는 것이 바로 一積十鉅(일적십거)입니다.

그래서 一積 다음에 十鉅가 있듯이 運三極 四成 다음에도 環五十이 되어야 합니다. 어쨌든 천부경의 구조가 명확하므로 環五七이 아니라 環五十입니다.

또 이것은 역학에서 하도(河圖)로 볼 때도 五十土(오십토)이지만, 김일부 선생님이 내놓은 정역(正易)을 보면 지천태(地天泰) 괘(䷊)라고 해서 위가 5곤(坤)이고 아래가 10건(乾)입니다. 남북에 있는 五坤 十乾(곤 건)이 바로 두 개의 고리이며 소위 십오일언(十五一言)이라고 합니다.

 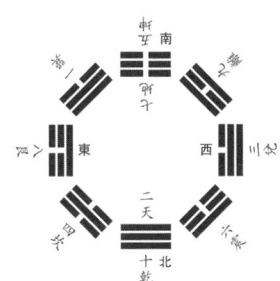

運三極 四成 環五十 97

五와 十이라는 고리를 형성한다는 말은 이 둘이 서로 연결되어 있어서 '서로 연결고리를 짓고서 상호작용한다'는 뜻입니다. '五'는 중심을 잡은 중수(中數)의 상태이고, 그림자 통합을 이룬 상태이며, 수기(修己)의 상태입니다. 그리고 十은 적중하는 중용(中庸)의 상태이고, 홍익(弘益)하는 상태이며, 치인(治人)의 상태입니다. 고리를 형성하는 것은 수기(修己)와 치인(治人)이 왼발과 오른발처럼 상호작용하면서 완성해간다는 의미입니다. 이것이 바로 수기치인(修己治人) 내성외왕(內聖外王), 의통(醫統), 상구보리 하화중생(上求菩提 下化衆生), 자리이타(自利利他)입니다.

❀ 오(五)

이제 四成 環五十(사성 환오십)과 관련해서 '四'에서 '五'가 되는 과정을 알아보겠습니다. 앞에서 설명했듯이 四를 알아보고 완성(成)해가면 1+4, 2+3이라는 균형이 잡힌 상태가 됩니다. 비유하자면 서울에 사대문(四大門)이 건설되고 나서 그 문을 때에 맞춰서 여닫으며 제어해야 하는데, 네 곳을 따로 제어하는 건 비효율적입니다. 그러면 저절로 필요 때문에 이 네 군데를 한꺼번에 제어할 수 있는 수단을 취하게 되겠지요. 그러면 괜찮은 방법이 뭐가 있겠습니까? 중앙에서 네 곳에 다 신호를 보낼 수 있는 뭔가를 설치하면 되겠지요. 그런데 보는 건 시야의 제약이 있으니까 종을 쳐서 들리게 하면 되겠다는 발상으로 만들어낸 게 보신각종입니다.

그래서 사방에는 인의예지(仁義禮智), 즉 동쪽은 흥인지문(興仁之門) 서쪽은 돈의문(敦義門) 남쪽은 숭례문(崇禮門) 북쪽은 숙정문(肅靖門)을 만들고 중앙에는 신(信)이라고 해서 보신각(普信閣)을 만든 것입니다. 이것은 오행(五行)의 중앙이 신(信)이니까 보신각을 만드는 게 아니라, 실제로 그 방식이 가장 편리하므로 중앙에 보신각종을 단 것입니다. 그러므로 오행 때문이 아니라 기능 때문이라고 생각해야 합니다. 이런 식으로 현실의 필요에 따라 자연스럽게 '五'가 자리를 잡습니다.

요약해보면 四를 완성해갈 때, 즉 나 아닌 모습을 찾아 그림자 통합 작업을 해가다 보면 자연스럽게 '五'의 상태가 된다는 것입니다. 앞에서 그림자 통합 과정을 겪어가면서 사람(四覽)이 되고, 결혼이 되며, 단군을 낳게 된다고 했습니다. 그러니까 사람이 되면 결혼은 그냥 되는 것입니다. 결혼이 되는 것이 五의 과정인데, 이것이 바로 보신각과 같은 역할로써 중심의 역할이 필요한 것입니다.

그다음 오장(五臟)도 같습니다. 오장 중에서 중심 역할을 하는 게 비장(脾臟)이며 일명 지라라고 합니다. 우리 인체에는 영양분을 옮기는 혈관이 있고, 혈관 밑에는 림프관이 있습니다. 림프의 총 집합소, 림프의 공장이 비장입니다.

혈관이 상수도관이라면 림프관은 하수도관에 해당하므로 비장은 인체의 노폐물을 배출하는 역할을 합니다. 또 비장은 면역기능을 유지해주고 세균이나 항원을 걸러주는 역할을 하므로 없어서는 안 됩니다. 간장·심장·폐장·신장처럼 뚜렷하게 구분되는 역할이 있지 않으나 비장은 이 네 장기를 조율하는 역할을 합니다. 보신각이나 비장처럼 네 부분을 조율할 목적으로 저절로 생기는 것이 '五'라는 것입니다.

✤ 십(十)

그다음에 '十'은 1+2+3+4의 결과인데, 이 의미는 사계절 춘하추동(春夏秋冬) 기운을 자유자재로 활용하는 상태를 뜻합니다. 봄·여름·가을·겨울의 기운 중에 특정 몇 개만이 아니라 골고루 잘하고, 적중하는 상태를 말합니다. 이를테면 이제마 선생이 태양인·태음인·소양인·소음인으로 체질을 구분했는데, 소양인이면 소양인에게 맞춰서 생활하라는 뜻이 아닙니다. 몸이 좋지 않을 때는 체질에 맞춰서 생활하지만, 건강할 때는 자신한테 부족한 부분을 채워서 4개의 체질을 골고루 갖추어 춘하추동 기운을 자유자재로 활용하는 음양화평지인(陰陽和平之人)이 되라는 것입니다. 이렇게 된 '十'은 타인에게 덕(德)이 됨으로써 널리 더해주는 즉, 홍익하는 인간의 상징입니다.

정리해보면 자신의 그림자인 四를 알아보고서(覽) 사람(四覽)이 될 때, 2와3 4와1 즉 음양이 합해져서 五가 되는 것입니다. 이게 바로 사람이 된 웅녀와 환웅이 결혼한다는 것입니다. 이제 五가 조율하는 중심의 역할을 하게 되면 그다음에 널리 더해주려고 하게 됩니다. 그때야 낙서(洛書)의 배후에서 작동하고 있는 하도(河圖)의 十에 접근하게 됩니다. 이게 바로 단군을 낳아서 홍익하는 인간이 되고, 이화하는 세계가 된다는 것입니다.

이것을 수리로 설명해보면 각자의 존재됨됨이에 따라 天1地2人3이 펼쳐진 다음 '4'를 완성해가고(成), 그러면서 '5'와 '10'의 고리를 형성하는데, 여기서 5에서 곧바로 10으로 상승하지 않고 二로 성장해갈 수도 있습니다. '성장한 二'로 가는 이유는, 일정 극기훈련과정을 밟은 사람이 곧바로 퇴소하지 않고 반복해서 그 과정을 체득해야 하거나 아니면 체득하려고 하듯이, 10으로 상승해서 졸업하기보다 더 많은 체험을 체득해야 하거나 체득하고 싶거나 아마 더 중대한 역할을 맡으려고 자신을 더욱더 단련해서 대기만성(大器晩成)하기 위함 때문일 겁니다.

　이것은 자신에게 제시된 외부현상을 교훈으로 삼아서(運三極을 실천해서) 자신이 변화하여 이전의 자신보다 확실히 성장했음에도 비슷한 상황이 삶에서 반복되는 경우입니다. 이를테면 초등학교 교사를 마스터한 후에 (대부분 자기 의지와 무관하게) 다른 업종(業種)이 아니라 비슷하나 단계가 조금 높은 업(業)인 중학교 교사가 되어야 하는 경우입니다. 또 말과 행동이, 사실과 말이 다른 거짓말쟁이에 대해 상당히 겪어내서 틀림없이 이들에게서 졸업했다 싶은데도 어느 날 정신을 차려보면 이전보다 더 단수가 높은 사기꾼들을 주위에서 발견하게 되는 경우입니다.

　이들은 졸업시험처럼 인생의 숙원(宿願)을 풀어내서 삶의 핵심에 도달한 것이 아니라 연말시험처럼 삶에 대한 이해를 돕는 숙제(宿題)를 풀어가는 과정인 경우입니다. 그러나 인생의 숙원(宿願)을 풀어낼 때에는, 즉 '단군을 낳는다'로 비유되는 '10'의 과정에 돌입하는 경우에는 공통으로 '죽음'이라는 체험을 동반합니다. 물론 죽음을 각오한 시험을 거쳐서 대체로 '정신적 자살'이라는 패러다임 전환을 통해 재탄생, 즉 부활하게 됩니다.

이를 도표로 나타내본다면,

一 → 1 2 3 → 4 → 5 → 二 → 11(1) 12(2) 13(3) → 4 → 5 → 三
始 積　　　運 成　　環　　終始積　　　　　　運 成　　環　　終始
나　 3極　　　　　　　　성장　 天1 地2 人3　　　　　　　　성장

만일 5에서 10으로 상승해 졸업한다면, 즉 하나의 인생공부 과제를 마스터해낸다면, 자기가 계획해서 계약한 하나의 과정을 완성해낸 셈입니다. 이렇게 10의 상태가 되면 이 상태는 一에서 상승해서 승화해버린 10입니다. 완성된 十(10)이 바로 '상승한 二'가 된다는 것입니다.

앞에서 一終無終, 즉 끝이 없다고 했습니다. 끝에 이르면 그 끝에서 다시 시작되는데, 처음 의식해서 시작한 一에서 '상승한 二'의 존재상태에서 다시 시작하는 것입니다. 이 상승한 二(10)이라는 존재상태에서도 三極이 펼쳐지는데, 이번에는 이전의 1·2·3과는 다른 차원인 11·12·13으로 펼쳐집니다. 이를 1·2·3으로 天1極·地2極·人3極이라고 간략하게 표현하는 것입니다.

그래서 '13'인 人3極에서 또다시 다른 삶의 숙제가 펼쳐지게 됩니다. 또 한 단계 상승하게 하려고 또 다른 그림자가 나타납니다. 주변 사람 중에 나를 못살게 구는, 마음에 들지 않는 타자가 가면을 쓰고 나타납니다. 그 그림자를 통해서 자각해서 그림자 통합작업을 해가면

'14'인 四가 되는 것입니다.

　四를 완성해가는 과정에 '15'인 五와 '20'인 十이라는 고리를 형성해서 '상승한 三'이 됩니다. 이렇게 한 계단 한 계단 상승하는 것을 진화해간다고 합니다. 이것이 一積十鉅입니다. 이론이 아니라 실제로 해보면 전혀 예상하지 못한 길이 열리고, 때로는 앞으로 어떻게 될지 알게 되기도 합니다. 누구에게나 동등하게 그리고 완벽하게 작동하는 우주가 완벽히(?) 챙겨주기에 걱정하지 않아도 됩니다만, 어떻게 해야 하는지 정답은 없습니다. 각자한테 다 맞춤식으로 제대로 작동되고 있으므로 각자가 정답이 아니라 자신만의 해답을 찾아야 합니다.

　이를 도표로 나타내본다면,

一 → 1　2　3 → 4 → 5 → 10(二) → 11(1)　12(2)　13(3) → 14(4) ~ 20(三)
始　積　　　運 成　環　終 始 積　　　　　　運　成　　　終 始
나　　3極　　　　　　　상승　　天1　地2　人3　　　　상승

❈ 하도 낙서

　이렇게 되는 이유는 하도(河圖)와 낙서(洛書)를 통해 이해될 수 있습니다. 보통 하도를 선천(先天), 낙서를 후천(後天)이라 하는데, 여기서 선천이 과거의 선천세상, 후천이 미래의 후천세상이라는 의미가 아닙니다. 하도(河圖)는 선천적으로 타고난 원리이며, 낙서(洛書)는 태어나

서 후천적으로 살아가는 현실의 이치를 말합니다. 따라서 하도와 낙서는 따로 떨어져서 작동하지 않고 지금 이 순간에도 함께 작동하고 있습니다.

율곡 선생도 대과(大科)에 장원 급제한 글에서 '하도(河圖)의 수(數)는 온전한 것을 주로 하므로 십(十)에서 끝이 났으니 천지자연의 상(象)이고, 낙서(洛書)의 수(數)는 변화를 주로 하므로 구(九)에서 끝이 났으니 인간사의 길이다. 하도와 낙서가 서로 경위(經緯 날줄과 씨줄)가 되고 팔괘와 구주(九疇 홍범구주)가 서로 표리(表裏)가 된다.'고 했습니다.

하도(河圖)는 일(一)에서 십(十)까지이며 이른바 우주의 기본 프로그램입니다. 컴퓨터에 비유하면 운영체제(Operating system)에 해당합니다. 운영체제는 컴퓨터의 작업과 프로세스의 실행을 제어하고 전반적인 시스템을 관리합니다. 또 운영체제는 실행되는 응용프로그램이 CPU와 메모리, 입출력 장치 등을 사용할 수 있게 해주고, 여러 응용프로그램이 실행되는 동안 모든 프로세스를 스케줄링하여 마치 그들이 동시에 수행되듯이 보이도록 합니다.

일(一)에서 구(九)까지인 낙서(洛書)는 하도라는 운영체제를 기반으로 실행되는 응용프로그램이므로 낙서만이 현실에서 작용하고 있는 듯이 보입니다. 응용프로그램의 배후에는 언제나 운영체제가 기본으로 돌아가고 있듯이 낙서(洛書)의 배후에도 하도(河圖)가 언제나 작동하고 있습니다.

옛사람들이 천문(天文)과 지리(地理)를 공부한 것도 하도와 낙서로 작동되는 하늘과 땅의 기미(機微)를 살펴서 그 뜻을 알고 삶에 적용하기 위함이었습니다.

조선왕조실록에는 '천문(天文)과 지리(地理)는 본디 일체이니, 하늘에서는 상(象)을 이루고 땅에서는 형(形)을 이루며, 그런 까닭으로 하늘에는 은하수(銀河水)가 있고 땅에는 황하수(黃河水)가 있다'고 했습니다.

하늘의 프로그램인 하도(河圖)는 땅을 무대삼아 낙서(洛書)로 펼쳐지면서 이 땅에 살아가는 인간으로 하여금 완성되게 하는 데 초점이 맞추어져 있습니다.

4	9	2
3	5	7
8	1	6

우리가 익히 알고 있는 마방진(魔方陣)의 기초가 되는 것은 낙서입니다. 마방진은 가운데 5를 중심으로 가로·세로, 대각선 숫자의 합이 각각 15가 되는 원리입니다. 중앙에 5를 중심으로 해서 아래가 1이면 위는 9가 되고, 2면 맞은편은 8, 3이면 7, 4면 6이 됩니다. 여기서 핵심은 5의 자리 즉, 중심자리를 찾으려면 내가 1인 경우에는 상대인 9를 만나야 한다는 것입니다. 나와 완전히 반대인 9를 만나서 합해졌

을 때야 비로소 5의 자리를 찾게 됩니다. 이렇게 각자가 자신의 짝을 알 수 있는 마방진은 어느 방향에서 수를 합해도 그 값이 같아집니다. 이것은 상대를 통해 균형을 이룰 수 있도록 누구에게나 평등한 기회를 준다는 의미입니다.

그런데 이 5가 낙서(洛書)에서 작동되는 이유는, 하도(河圖)의 '十'을 만나 완성되어야 하기 때문입니다. 낙서에 '十'이 없다는 것은 현실에서 외적으로 작동하는 응용프로그램인 낙서로는 완성할 수 없다는 점을 말해줍니다. '十'은 천지가 작동하는 운영체계인 하도를 모르면 접근할 수 없습니다. 그래서 하늘 프로그램인 하도에 접근하려면 자신과 완전히 상반된 존재인 '나 아닌 것'을 만나서 통합해야 합니다.

음양이 합해졌을(1+4, 2+3) 때 5가 되고, 그 배후의 하도 프로그램이 작동되면서 하늘의 기운이 더해져서 기적과 같은 일이 벌어지고 十의 상태가 되는 겁니다. 이 상태가 바로 環五十과 一積十鉅의 十입니다.

十鉅의 의미는 一이라는 존재상태가 天1極 地2極 人3極으로 펼쳐진 현실에서 나 아닌 반대편, 이를테면 1은 9를, 3은 7을, 6은 4를 만나서 四를 완성해가면 五가 되고 그다음에 배후에서 작동하는 운영체제인 하도의 十을 만나 완성된다는 겁니다.

이런 의미에서 하도 세계와 낙서 세계가 따로 작동되는 게 아니라는 겁니다. 단지 하도는 배후에서 작동되므로 현실에서는 만나기 어렵고, 낙서가 현실에서 작동되고 있는 듯이 보입니다. 그 낙서 프로그램을 통해 배후에서 작동하는 운영체계인 하도를 만난다는 것이 바로 이 개념입니다.

앞서 이야기했듯이 세간은 수행하기 전의 상태고 출세간은 수행을 시작했을 때의 상태를 나타내므로 만약 수행하려면, 낙서 프로그램에서 내가 1이라면 9를 만나야 합니다. 나 아닌 타자, 둘이 합쳐 十이 될 수 있는 반대편을 만나야만 비로소 수행이 시작됐다고 할 수 있습니다.

색과 빛의 차이에 대해 들어보신 적이 있으실 겁니다. 색은 감산혼합(減算混合)이라고 해서 서로 다른 색을 섞으면 점점 어두워져 결국 검은색이 됩니다. 하지만 빛은 가산혼합(加算混合)이라고 해서 다른 빛을 만나면 점점 밝아지고 결국 흰빛이 됩니다. 혹여나 색의 혼합에 대하여 빨간색과 노란색을 섞으면 주황색이 되므로 내가 빨간색이었다면 더 밝아지지 않았느냐고 반문하실 수 있습니다. 하지만 여기서 주의할 점은 색상이 주황색이 돼서 관념상 더 밝다고 생각될지 모르지만, 명도를 실제로 측정해보면 빨간색보다 더 어두워진 걸 확인할 수 있습니다. 다시 말해 주황색은 되었지만 어두운 주황색이 되어버린 것입니다.

이 이야기를 하는 의미는, 내가 빛이 되어서 더 밝아지려고 한다면 나 아닌 다른 빛을 만나야 한다는 겁니다. 빛의 원리에 따르면 내가 다른 빛을 만나야 더 밝아질 수 있고 정반대의 빛을 만나면 완전히 흰빛으로 완성됩니다. 이것은 디지털카메라의 화이트밸런스 원리이기도 합니다.

그런데 만약 유유상종해서 나와 비슷하거나 내 마음에 드는 사람, 편한 상대만 만난다면 색이 점점 더 검어지게 됩니다. 왜냐하면, 나와 똑같은 사람은 없고 조금이라도 다르기 때문입니다. 비슷한 사람끼리 만나니까 말이 잘 통하고 서로 이상도 비슷하고 마음이 편하리라고 생각하지만, 내 의도대로 더 밝아지는 게 아니라 조금이라도 더 어두워지기 마련입니다. 이것이 바로 세간의 상태입니다. 만일 더 밝아지는 출세간 상태가 되려면 내가 빛이 되어야 합니다. 내가 빛이 된다는 것은 나하고 다른 반대편을 만나는 겁니다. 나와 다른 상대를 만났을 때에야 내가 빛이 될 수 있고 그 빛을 통해서 점점 더 밝아질 수 있는 겁니다.

이런 원리를 현실에 적용해보면, 내 마음에 들지 않는 사람, 없어져 버리면 좋겠다는 사람, 나를 성질 내게 하는 사람뿐만 아니라 성질나게도 하는 사람을 통해 수행의 길을 갈 수 있다는 겁니다. 이 타자인 맞상대를 심리학에서 그림자라고 하고, 이 수행과정을 그림자 통합이라고 합니다.

그렇다면 설령 내가 수행단체나 종교단체에 있다고 하더라도 나 아닌 사람과의 관계를 통해서 그림자 통합 작업을 하지 않는다면 수행을 시작하지 않았음을 알아야 합니다. 내가 인간으로서 이 세상에 온 목적을 이루어가고 있지 않다고 생각해야 합니다. 단순히 내가 종교 단체나 수행 단체에 있다고 해서 수행을 한다고 여긴다면 착각입니다.

수행은 運三極 즉, 외부의 주어진 상황(三極)을 운용하고 활용(運)하는 것입니다. 만약 大三極 즉, 외부현상을 중시하고 탐진치로 대한다면 뺑뺑이를 도는 無盡本이 될 뿐입니다. 그리고 一析三極의 현상이 현실에 반복해서 나타나는 것이 바로 七八九의 돌이킬 수 없이 악화한 상황입니다.

정리해 본다면 '一', 즉 자신의 존재됨됨이에 따라 펼쳐진 天1極·地2極·人3極이라는 前三極이 자신의 책임임을 자각해서, 그 三極을 제대로 운용한다면(運) 四를 완성해가는 덕분에 五와 十이란 고리(環)를 형성하는데, 이런 것이 바로 一積十鉅입니다.

❀ 五와 十 의통(醫統)

그다음에 五와 十을 증산 상제께서 말씀하셨던 의통(醫統)과 연관해서 설명해보겠습니다.

의통(醫統)은 '고칠 醫'와 '통합할 統'입니다. 보통 의술에 도통한다는 의미에서 '통할 通'으로 잘못 알거나, 아니면 자신이 타인들을 고쳐서 거느린다는 의미에서 '거느릴 統'으로 오해합니다. 일단 '고칠 醫'도 타인을 고쳐준다는 것이 아니라 먼저 자신의 마음부터 고쳐가는 것입니다.

앞서 이야기했듯이 1과 4, 2와 3 이렇게 음과 양이 합치면 5가 됩니다. 그다음에 이 五의 상태에서 덕(德)을 펴는 상태로 상승하는 것이 바로 十입니다. 단군신화에서 사람이 되는 것이 四이고, 결혼하는 것이 五이며, 그다음 홍익(弘益)하는 인간이 되는 것이 바로 十이라고 하였습니다.

이 점을 똑같이 적용해보면 五는 내가 사방위(四方位)에서 벌어지는 다양한 상황의 중심을 잡고 조율하는 것입니다. 즉, 나의 거울인 맞상대(四)가 나타나는 즉시 알아보고 마음의 중심을 잡고 그림자 통합을 해나가는 상태입니다. 이를 중수(中數)의 상태라고 하며, 자신을 닦아가는 수기(修己)입니다.

그다음에 十은 앞서 이야기했듯이 춘하추동의 기운을 골고루 갖춘 음양화평지인(陰陽和平之人)을 말합니다. 매사 적중하는 중용(中庸)의 상태이므로 치인(治人), 즉 타인을 잘되게 하는 홍익(弘益)하는 상태입니다. 그래서 五는 외부의 태도적 變(변)으로 상황에 맞게 적응해서 마음가짐을 바꾸는 것이고, 내면의 본질적 化(화)는 내적으로 완전히 새로운 차원으로 완전히 업그레이드해서 상승하는 것이므로 바로 十에 해당합니다.

수리에서 5는 1+4 또는 2+3이고, 10은 1+2+3+4라고 말합니다. 자신이 十이 된다는 것은 1+2+3+4처럼 봄·여름·가을·겨울의 기운을 골고루 자유자재로 활용하는 상태가 되라는 의미에서 十입니다. 五는 자신을 닦는 것이고 十은 남에게 홍익하고, 만물을 사랑하는 인간이 되는 것입니다.

그러므로 의통(醫統)이라는 단어에서 五는 자신을 고쳐가고 닦아가는 면에서 '고칠 醫(의)'에 해당하며, 十은 춘하추동의 기운을 자유로이 활용함으로써 어떤 상황이든지 적중하는 중용의 상태로 '통합할 統(통)'에 해당합니다.

그리고 그림자를 통합해가는 면에서 五는 '통합할 統(통)'에 해당하며, 사람들을 고쳐줌으로써 홍익(弘益)하는 인간이 되는 면에서 十은 '고칠 醫(의)'에 해당합니다.

그런데 五가 되면 사람을 고칠 수 있는 능력(대부분 육체적 치료능력)이 실제로 생기기도 하므로 타인들을 고치기도 합니다. 그런데 여기서 사주·점성·타로·역술·명리·점·기치료 등을 도구로 타인을 고쳐주는 데 집중하기 시작하면 중이 제 머리를 깎기가 어려워지듯이 자신의 앞날도 곤궁해지며 자신의 수행도 등한시하게 됩니다. 비록 아무리 타인의 변화를 이끌어내더라도 단기적이고 기법적 변화에 치중하게 되므로 앞에서 말한 대로 十으로 상승하지 못하고 결국 一로 돌아가게 됩니다.

그래서 五에서도 타인이 아니라 자신의 마음을 고쳐나가야 하므로 **不動本**의 과정을 통해서 자신의 마음가짐을 고쳐나가는 수기(修己)가 우선입니다. 즉, 타인을 치료하면서 자신도 치료돼야 합니다. 이는 자신이 치유될 기회일 뿐입니다.

그러므로 '고치고 통합한다'는 의통(醫統)은 나를 고치는 의(醫)에서 출발해야 합니다. 그림자 현상을 제공하는 나와 상반된 다른 사람을 통해서 자신의 마음을 하나하나 고쳐나가다 보면 저절로 자신이 본질에서 바뀌어야 한다는 것을 깨닫게 됩니다. 그러면 이제는 자신이 열리고(開) 열려서(闢) 개벽(開闢)해야겠다는, 즉 완전히 새로운 패러다임으로 전환해야겠다고 결단하게 됩니다. 이렇게 결단하면 저절로 '나 아닌 것' '나의 맞상대' '나와 상반된 사람'인 어두운 그림자 그리고 '나의 우상'인 밝은 그림자와 통합하는 통(統), 즉 이원성(二元

性)을 극복해서 통합함으로써 양면성을 꿰뚫어보는 '五'의 존재상태
가 되는 겁니다. 이것이 바로 (자신의 관점에서는 엄청나게 싫어하는) 금수
(禽獸) 같은 그림자를 만나 통합해가는 소위 금수대도술(禽獸大道術)
입니다.

　이렇게 자기 치유와 양면성 통합 과정을 밟음으로써 '五'의 존재상
태가 되고 나면 세상사를 움직이는 춘하추동의 기운을 알아보는 앎
과 지혜가 체득됩니다. 그러면서 이 기운을 자유자재로 운용해서 통
합하는 통(統), 즉 현상 이면에서 작동하는 법칙을 꿰뚫어보는 '十'의
존재상태가 됨으로써 매사에서 적중하는 중용(中庸)의 상태에 도달
하게 됩니다. 이런 연후에야 남을 잘되도록 홍익(弘益)할 수 있게 되는
데, 이것이 의(醫)인 것입니다. 이것이 바로 자신의 마음을 헤아림으로
써 타인의 마음을 치유해서 성장하도록 돕는 소위 지심대도술(知心大
道術)입니다.

　고친다는 의(醫)라는 측면에서 나를 고치는 것은 五이고 타인을 고
치는 것은 十이므로 확실히 구분됩니다. 그리고 통합한다는 통(統)의
측면에서도 五는 양면성 통합이고, 十은 자신이 완성되어 완전해지
는 통합입니다.

　이처럼 醫와 統이 서로 순환하는 방식은 環五十 즉, 五와 十이
고리가 되는 방식과 다르지 않습니다. 四인 그림자를 통해 사람으로
서 완성해가다 보면 자신을 고치고 양면성을 통합해서 중심을 잡음
으로써 五의 존재상태가 되고, 춘하추동의 기운을 통합해서 그 법칙
을 꿰뚫어보고 현상의 이면을 통찰해서 타인을 고쳐줌으로써 十의

존재상태가 됩니다.

  이런 의통(醫統)의 관점에서 인간이 이 세상에 와서 다른 어떤 임무보다 우선시해서 맡아야 하는 직분(職分)은 먼저 자신을 고친 이후에야 타인을 고쳐주는 의(醫)이며, 다른 어떤 일보다 우선시해서 해내야 하는 업무(業務)는 타자를 통합해낸 이후에야 자신을 통합해가는 통(統)입니다.

  이처럼 의통(醫統)은 양면성이 있는 단어입니다. 많은 사람이 의통을 특별한 능력으로 알고 있듯이, 실제 어떤 면에서 특별하긴 합니다. 의통이 단순히 믿음만으로 하루아침에 주어지지 않고 각자가 특별한 결단을 통해 수행해가야만 체득된다는 점에서 특별한 길이라는 말입니다.

  단군신화로 전해져온 이야기, 그리고 천부경에 따르면 一積이라는 수행의 길에서 그림자를 통합함으로써 짐승에서 사람이 되고, 그다음에 영혼과 하나 되는 결혼을 하며, 그 결과로 홍익하는 특별한 인간이 됩니다.

  앞서 이야기했듯이 五는 사대문 중앙에서 사방위를 제어하는 믿음의 상징인 보신각(普信閣)과 같은 것이고, 오장(五臟)에서 중앙에 해당하는 비장인 지라이기도 합니다. 지라는 삶에 중요한 기혈(氣血), 현대어로 면역체계를 튼튼히 하고 실제로 생체공장이기도 한 인체의 하수구(림프) 청소를 해서 노폐물을 원활히 잘 배출하는 데 중심적 역할을 합니다.

  十은 말 그대로 상황마다 적중하는 중용(中庸)입니다. 현실 프로그램인 낙서(洛書)에는 9까지만 있고, 배후에서 작동되고 있는 운영체계인 하도(河圖)에 10이 있는데 여기에 접근하여 신의 사인(sign)을 알아보면 기적을 일으킬 수 있습니다. 낙서의 세상은 선악이 불분명하고 불공정한 듯이 보여서 착한 사람도 벌 받고 악한 사람도 상 받는 것처럼 보입니다. 그렇다는 것이 아니라 그런 것처럼 보입니다. 단기적 안목으로는 틀림없이 그렇게 보이나 장기적 안목에서 칸트가 이야기한 은총의 상태가 되었을 때에야 선악이 바르게 되고 이 우주가 제대로 작동되고 있다는 것을 실감하게 됩니다.

칸트는 『도덕형이상학 정초』에서 "네가 자신의 인격에서나 다른 모든 사람의 인격에서 인간(성)을 항상 동시에 목적으로 대하고, 결코 한낱 수단으로 대하지 않도록, 그렇게 행하라"고 했습니다. 인간을 수단이 아니라 목적으로 대하라고 했는데, 여기서 '나의 완전성'과 '타인의 행복'을 목적으로 제시합니다. 즉 자신의 행복은 목적에 해당하지 않습니다. 또한 "도덕이 본래 가르치고자 하는 것은 '우리는 어떻게 자신을 행복하게 만들 수 있는가'라는 것이 아니라, '우리가 무엇을 해야 행복을 누릴 만한 자격을 갖추게 되는가'라는 것입니다."라고 했지요.

다시 말해 칸트는 자신이 행복해지려고 하지 말고 타인을 행복해지게끔 하려고 하고, 그다음 타인이 완벽해지게 하기보다는 자신이 완벽해지려고 하라고 했습니다. 그리고 자신이 행복해지려고 하지 말고 행복해질 자격을 갖추라고 말합니다. 그러려면 홍익(弘益)하라는 것입니다. 타인을 행복하게 하는 것이 바로 홍익이거든요. 홍익은 칸트가 말한 타인을 행복하게 하는 것과 맞물려 있습니다. 그러니까 '자신이 행복해지려고 노력하면 행복해집니다'는 말은 거짓이라고 봐야죠. 그렇게 될 수 없는 겁니다. 내가 행복해질 수 없고, 오히려 타인을 행복하게 해줄 때, 그러니까 홍익(弘益)할 때 나도 행복해질 수 있는 것입니다.

❈ 익리(益利)

정신·물질적으로 이롭고 보탬이 되는 일이라는 의미에서 이익(利益)은 손해(損害)를 보지 않는다는 뜻이 전제되어 있습니다. 이익은 살아남는다는 의미인 생존(生存)에 기반을 두고 있는데, 利와 益으로 따로 분석해보겠습니다.

이기적인 利는 자신의 것이 부족해서 외부의 것을 자신에게 끌어온다는 뜻으로 자신의 이득에 중심을 둠으로 공리(公利)보다 사리(私利)라는 아전인수(我田引水)적인 태도가 들어있습니다.

이타적인 益은 자신의 것이 넘쳐서 도움된다고 한다면 타인에게 더 해준다는 뜻으로 타인의 행복에 중심을 둠으로 사익(私益)보다는 공익(公益)이라는 상부상조(相扶相助)의 태도가 들어있습니다.

이런 점에서 홀로 살아가지 않고 더불어 살아가려고 한다면 利보다는 益에 중심을 두어야 합니다. 그렇다고 利를 완전히 도외시하자는 말이 아니라 益을 우선시하자는 겁니다. 그래서 利益의 순서를 거꾸로 해서 '益利'라는 단어를 사용하면 무의식을 바꾸는 데 도움되리라고 확신합니다.

사리(私利)를 버리고 공익(公益)을 우선시하는 마음가짐을 지니려고 노력함으로써 자신의 존재됨됨이가 타인을 잘되게 해주는 풍요의 존재상태로 바뀌도록 하는 셈입니다. 남을 잘되게 더해줌으로써 자신에게도 이익이 돌아온다는, '더할 益'을 우선시하는 익리(益利)! 어떠신가요?

    제안하신 익리(益利)를 처음 접합니다. 타인을 잘되게 함으로써 결국 자신에게 도움되는 익리이네요. 이익을 거꾸로 해서 발상을 전환한 것인데 그동안 생각하지 못했습니다. 정말 익리(益利)는 상대에게 더해주는 넉넉함이니 저절로 풍요로운 상태가 되겠군요.

    그런데 저는 물건을 거래하며 싸게 사면 이익 봤다고 좋아했는데 상대 것을 더 가져온 심보이니 각박한 상태로군요. 이익의 기분을 즐기며 인색한 상태를 지속한 내가 보입니다. 왜 이익 대세로 각박한 세상을 살았나 싶네요. 물론 이익 중심의 제 선택이었고요.

    저는 풍요롭고 아름다운 세상을 이루고 싶은데 저부터 이익계산으로 각박한 세상을 창조했으니, 이제라도 익리 중심으로 되돌리겠습니다. 세상에 제대로 된 이치가 펼쳐지는 게 참 중요하다는 생각이 듭니다.

    익리(益利) 👍 감사하게 활용하겠습니다!

3문단
　　一妙衍　萬往萬來
　　用變　不動本

一妙衍 탓에 萬往萬來 함을 깨달을 때,
  일묘연   만왕만래
用變 덕에 不動本 하게 된다.
용변   부동본

　각자의 존재됨됨이가 매우 오묘하게 펼쳐지므로 자신이 알아채지 못할 정도로 오만가지 외부현상이 오갑니다. 하지만 이를 깨달아 외부의 모습을 자신이 변화할 기회로 활용한다면 외부현상에서 자신의 소명을 알아내고야 맙니다.

　일(一), 즉 각자의 존재됨됨이가 묘하게(妙) 펼쳐지기(衍) 때문에 오만가지 현상이 가고 온다(萬往萬來).
　하지만 이를 깨달아 자신의 변화(變)로 활용한(用) 덕택에 제시된 현상과 메시지(本)에서 움직여가지(動) 않게(不) 된다.

　3문단은 특히나 붓다의 중요한 가르침 중에서 적중법(的中法)인 연기(paṭicca-samuppāda緣起)의 내용을 고스란히 담고 있습니다. 첫째 구절은 연기의 오로(誤路)를 나타내며, 둘째 구절은 연기의 정로(正路)뿐만 아니라 중도(中道)라 불리는 적중로(majjhimā-paṭipadā的中路)도 나타내고 있습니다.

이 문단을 '존재상태를 조건으로 절묘하게 펼쳐져서 다양하게 집기(集起)하는 연기된 현상의 변화를 통해서 자신을 바꿔가다 보면, 그 현상에서 주어진 메시지가 자신에게 가장 적합하리라는 것을 깨닫고 그것에 집중하게 된다'는 의미의 연기(緣起)와 비교해보겠습니다. '존재상태를 조건으로 절묘하게 펼쳐져서'는 一妙衍이고, '다양하게 집기(集起)하는'은 萬往萬來이며, '연기된 현상의 변화를 통해서 자신을 바꿔가다 보면'은 用變이고, '그 현상에서 주어진 메시지가 자신에게 가장 적합하리라는 것을 깨닫고 그것에 집중하게 된다'는 不動本입니다.

어려운 설명이네요.

어쩔 수 없습니다. 어차피 연기가 터득되지 않으면 천부경을 제대로 이해하기 어렵습니다.

⊙ 一妙衍 萬往萬來 ⇒ '無盡'

　각자의 존재됨됨이(一)가 묘하게(妙) 펼쳐지기(衍) 때문에 만 가지 현상이 가고 온다(萬往萬來). 이것이 바로 나의 존재됨됨이(一)가 삼극(三極)으로 투사되기(析) 때문에 각자에게 담마(本)가 제공되는 때는 끊임이(盡) 없다(無)는 '무진(無盡)'과 대응된다.

　이 구절은 대전제인 1문단의 첫째 구절의 無盡을 자세히 풀어서 설명한다고 했습니다. 이 구절을 축약해보면 '자신의 존재됨됨이가 오만가지로 묘하게 펼쳐진다'는 간단한 표현이 됩니다.

　一妙衍에서 '衍'은 '펼쳐진다'는 뜻입니다.
　제가 이 단어를 만나고 나서 무척 기뻤습니다. 『붓다의 발견』을 쓸 때, 저는 될 수 있으면 붓다의 원음 그대로 대부분 번역했습니다. 예를 들어 대개 팔정도(八正道)라고 알고 있지만, 원문은 팔성도(ariyo-aṭṭhaṅgiko-magga 八聖道)로 되어 있습니다. 그래서 팔성도라고 번역했듯이 대부분 원문에 맞춰서 번역했는데, 연기(緣起)의 원문인 빠띠자 삼우빠다(paṭicca-samuppāda)의 의미인 '조건으로 함께 펼쳐진다.'에 적합한 단어를 그 당시에는 옥편을 뒤져가며 찾았음에도 찾아내지 못했는데, 이 천부경에 아주 기발한 단어인 '펼쳐질 衍'자가 있는 것을 보고 기뻤습니다.

　연기(緣起)는 원어인 팔리어로 빠띠자 삼우빠다(paṭicca-samuppāda)인데, 그 의미는 'paticca'(연緣하여) 'sam'(함께集) 'upada'(衍펼쳐짐)이라는 뜻으로 이것을 직역하면 '~을 조건으로(연하여) 함께 펼쳐진다.'는 말입니다.

여기서 'uppāda'(up위로+pad가다)는 집기(集起samudaya)와 달리 변하는 사태라는 뜻으로 사건이 전환되어 펼쳐지는 상태를 말하므로 'paticca-samuppāda'는 조건에 따라 펼쳐지는 상황, 즉 집기(集起)하거나 환멸(還滅)하는 현상이 벌어지게 하는 존재상태의 사슬을 말합니다. 여기에 긍정적인 運三極의 정로(正路)로 가기도 하고, 때로는 부정적인 大三極의 오로(誤路)로 가기도 하는 양면적 의미가 있는데도 지금까지 사용해온 緣起의 '일어날 기(起)'는 부정적인 오로의 현상만을 지칭한 것이므로 원어를 제대로 번역한 단어가 아닙니다. 원문대로 '연하여(緣) 펼쳐진다(衍)'는 의미를 살려서 연연(緣衍)이라는 번역이 적합하겠습니다.

이틀 전 맛있는 음식만 먹으려는 식구를 보고 속상했는데, 이것이 바로 맛있는 음식 중심의 내 숨겨진 모습이구나! 이런 현상이 내 존재상태가 펼쳐진 거라는 뜻이구나! 이렇게 '펼쳐질 衍'이 적용되네요.

一妙衍의 一은 나의 존재됨됨이, 각자의 존재상태를 의미한다고 했습니다. 그러면 一妙衍은 각자의 존재상태가 묘하게(妙) 펼쳐진다(衍)는 뜻입니다. 이 묘하게 펼쳐지는 방식을 붓다께서 설하신 연기(緣起)로 알아보겠습니다.

인간사는 원인·과정·결과라는 3막으로 구성된 프로젝트가 각각의 특정 사안을 중심으로 유기적으로 연결되어 상당히 복잡하게 작동합니다. 이 복잡한 우주의 인과현상을 간결한 방식으로 설명한 분이 바로 붓다입니다. 인과(因果)의 과정에 제시되는 현상이 흘러가는 공식을 연기(緣起)라고 합니다.

또, 나의 존재상태가 펼쳐지는 것을 철학으로 밝힌 분이 있습니다. 대부분 데카르트라고 하면 정신과 물질을 분리해서 이원론을 주장한 철학자로 알고 있지만, 실제로 확인해보면 정신과 물질이 따로 떨어졌다고 이야기한 게 아닙니다. 데카르트는 정신 이른바 마음을 먹으면 그 정신이 확장된 것이 바로 물질인 현재의 현상이라고 했습니다. 내가 어떻게 마음먹는가에 따라서 외부현상이 내가 직접 개입하지 않아도 펼쳐진다는 것입니다. 나의 존재상태인 정신이 외부에 영향을 줘서 현상으로 펼쳐진다는 것을 나름 철학적으로 규명했던 사람이 데카르트인 겁니다.

이것이 실제로 데카르트가 했던 말인데 정신과 물질을 분리했다고 잘못 알려진 것입니다. 데카르트는 물질을 라틴어로 레스 엑스텐사res extensa(영어로 extension)라고 하였습니다. 보통 연장(延長)이라고 번역하는데 연장이 도대체 무슨 말인지 사람이 손에 잡고 쓰는 도구를 말하는지 헷갈립니다. 보통 자동차 타이어가 신발의 연장이라고 하는데 사실은 그런 의미로 말하지 않았습니다. 레스 엑스텐사란 존재상태가 외부현상으로 드러나는 것을 말합니다. 내가 신발에 대해 어떤 의도를 갖게 되면 신발에 관련한 특정 상황이 외부로 펼쳐진다는 의미입니다.

이처럼 연기에서도 내 존재상태인 아라마나(ārammaṇa)가 외부로 펼쳐져서 세간의 현상으로 드러나는 것을 담마(dhamma)라고 했는데, 레스 엑스텐사는 담마와 같은 의미입니다.

'연하여 펼쳐진다'는 의미에서 연기는 데카르트가 말하는 '주체의 표상이 세계에 펼쳐짐(res extensa)'과 다르지 않습니다. 내 존재상태가 외부에 펼쳐지므로 一衍(일연)인 것입니다. 다만 펼쳐지는 방식이 아주 妙(묘)하다는 겁니다.

이는 각자의 존재됨됨이가 펼쳐지는 양상들이 자기 자신과 관련이 있는 듯하기도 하고, 없는 듯하기도 한 매우 현묘(玄妙)한 방식이 나타나기 때문입니다. 누구에게나 똑같은 일률적인 방식이 아니라 각자에게 맞춤식으로 제시되므로 밖에서 힌트를 얻기보다 정답만 찾으려는 분은 어려울 겁니다. 특히나 외부현상이 자기 자신과 관련 있다는 믿음을 내지 않으면 절대로 눈치채기 어렵게 아주 묘한 방식으로 진행됩니다.

꿈을 해몽할 때도 그 꿈에는 각자 자신에게 적합한 은밀한 내용이 들어있으므로 외부의 해몽법을 참고하되 꿈 내용에 관련한 자신만의 감정이나 느낌을 고려하지 않으면 제대로 해석해낼 수 없습니다. 심리상담도 일반성을 기초로 하나 당사자에게만 해당하는 특수성을 고려해야 합니다.

이를테면 꿈에서 본 화장실은 세상 이미지와 달리 주로 정화(淨化)를 의미하지만, 각자에게 화장실이 주는 특수한 의미를 고려하지 않으면 엉터리 해석이 되고 만다는 것입니다. 즉 주관성을 무시하지 말아야 합니다.

그러므로 객관성에 기초해서 정답을 찾는 분은 설사 제대로 길이 제시되더라도 그 길을 알아보기 어렵습니다. 그런데 자신이 나중에야 그 메시지를 알아보고 나면 메시지의 전달 방식이 아주 묘하다는 점을 깨닫게 됩니다. 이것이 바로 '그때는 아니고 지금은 맞다'는 불연기연(不然其然)입니다.

그래서 이런 점을 의식하고서 다음에는 이런 기회를 놓치지 않겠다고 하지만 깨어있으면서 준비하지 않는 한, 자신에게 벌어진 외부현상이 자신의 책임임을 깨닫고 단련해감으로써 수행하는 존재상태가 되지 않는 한, 가장 취약한 시간을 노리는 도둑처럼 가장 취약한 시간에 묘한 방법을 동원하는 우주가 주는 메시지를 놓쳐버리기 일쑤입니다.

그래서 사람들은 학생이 도저히 풀지 못할 문제를 내는 엉터리 선생님들처럼 우주도 인간이 깨닫지 못할 방법을 쓴다고 하며, 붓다도 담마(dhamma法)라는 불가사의(不可思議)한 법을 쓴다고 규정지어버리는 형편입니다.

맞아요. 저도 얼마 전 꿈을 꿨는데 도저히 이해되지 않아서 '좀 쉬워야 힌트가 되는 게 아니냐'며 투덜거리면서 도착한 꿈에 불만을 토로한 적이 있거든요.

하지만 붓다가 제시했듯이 자신과의 싸움에서 이겨내도록 돕는 계(戒 sīla), 그다음 각자에게 벌어지는 현상(담마)이 자신을 도와서 성장시키고 잘되게 한다는 믿음, 보편적으로 인정받기 어려운 특정 현상이 벌어져도 이를 자신에게 벌어진 사실로 인정하는 양심, 이러한 과정을 차례로 거쳐내야만 사띠(sati念)를 통해 묘법(妙法)을 파악하게 될 것입니다.

　　이실직고하자면 저도 붓다가 어려운 용어와 개념들로 중생들은 접근하기 어렵게 진입 장벽을 쌓아 놓았다고 규정해버리고, 이런 붓다는 보편적이지 않으니 문제 있다며 공부하지 않는 핑계로 정당화했음을 인정합니다.
　　우선 나 자신과의 싸움에서 이겨냄으로써 붓다께서 여기에서 설명해 주시는 말씀을 하나하나 차근차근 새겨듣겠습니다.

　　一妙衍하므로 萬往萬來가 되는데, 이는 내 존재상태가 妙하게 펼쳐져서 외부현상인 만(萬) 가지가 가고(往), 만(萬) 가지가 오는(來) 다양한 방식으로 어떤 상황이 끝임없이 반복되는 상태를 의미합니다. 이것은 一妙衍 萬往萬來와 대응되는 구절인 無盡이 '끝임없이'라는 의미이듯이 연기(緣起)에서 조건에 따라 펼쳐진 현상, 즉 연기된 현상(緣生法paṭiccasamuppanna-dhamma)도 생기고 없어지며 생기고 없어지기를 '끝임없이' 반복한다는 의미입니다.
　　一妙衍 萬往萬來는 결국 연기에서 大三極 즉, 자신의 존재됨됨이에 따라 펼쳐진 전3극(前三極)의 현상을 (탐진치로) 중대시하는 부정적인 오로(誤路)를 말합니다.
　　이것은 윤회라는 현상과 마찬가지입니다.
　　윤회란 '계속 인간 세상에 태어난다'는 의미인데, 니까야에 의하면 외부에 벌어진 상황을 자신의 존재상태와 연결해서 바로 그것이 자신의 책임임을 자각하는 반야(般若)가 체득되지 않으면 '끊임없이' 윤회하게 된다고 합니다.

> # 반야(般若)
> 붓다의 말씀에 의하면 외부에 특정 현상이 벌어지면 자신의 존재상태와 연결하면 반야이고, 어떠한 현상이 벌어지든지 간에 자신의 존재상태와 연결하지 않으면 식(識)입니다.

그것도 괜찮은 상황으로 윤회하는 게 아니라 반야를 터득할 때까지 점점 악화하는 상황이 '끊임없이' 지속한다고 합니다. 바로 이 '끊임없이'가 나의 존재됨됨이가 펼쳐지는 '萬往萬來'의 모습입니다. 그러므로 반야를 터득할 때까지 끝없이 윤회하게 되듯이, 마찬가지로 외부현상이 내 존재상태에 의해 창조됐고, 나를 깨닫게 해주기 위해 제시된 상황임을 깨달을 때까지 악화하는 상황도 반복되는 데, '끝이 없다'는 것입니다.

결국 一妙衍 萬往萬來는 내 존재상태가 묘하게 펼쳐져서 만 가지가 가고 만 가지가 오는 다양한 방식으로 악화하는 상황들이 끊임없이 지속한다는 것을 말해줍니다. 그런데 나를 일깨워주려는 이 방식이 아주 절묘하므로 자신이 항상 자각하고 깨어있기 전에는 계속 반복될 수밖에 없다는 것입니다.

연기(緣起)에는 '연기 자체'㊀가 있고 '연기된 현상'㊁이 있는데, 그 차이를 설명해보자면 전자㊀는 내면의 존재상태를 의미하는 주어진 메시지(dhamma)이고 후자㊂는 외부에 펼쳐진 현상인 메신저(dhamma)입니다.

연기된 현상㊂은 존재됨됨이㊀가 투사되어 현실에 펼쳐진 三極인 人3極(인3극)에 해당하므로, 만일 이런 점을 깨닫고 연기된 현상㊂을 통해서 그 현상에 들어있는 메시지㊀를 알아볼 때 반야를 체득하는 수행이 시작됩니다.

그런데 앞에서 언급했듯이 연기된 현상㊂이 워낙 묘하게 펼쳐지기에 대다수 자기 존재됨됨이㊀가 원인임을 알아보려 하지 않고 지나치므로 메시지㊀를 알아보기도 어려운 실정입니다. 결과적으로 자신의 뜻대로 되지 않는 사건이 벌어지더라도 자신에게 문제가 있다고 짐작 정도만 할 뿐입니다.

이를테면 오늘따라 직장에서 상사가 막말로 은근히 성질나게 했는데, 집에서도 부인이 평소 하지 않던 바가지를 심하게 긁는데다가 아이들마저 평소와 달리 약을 올리는 심한 말장난을 친다면, 이 세 사건이 겉으로는 별개인 듯이 보이기 쉽다는 것입니다. 이런 식으로 같은 나의 존재됨됨이㊀가 시차를 두고 관련이 없는 듯이 펼쳐지는 양상을 묘(妙)하다고 합니다.

세 개의 사건이 왔다가 갔으므로 三往三來인 셈인데, 만일 우연을 가장한 이런 일련의 사건을 통해서도 깨달으려 하지 않으면 이런 점을 깨닫게 해주려고 점점 악화하는 사건이 벌어지게 하는 萬往萬來 프로젝트가 끝없이 진행될 것입니다.

그리고 一妙衍 萬往萬來는 외부 세상의 변화입니다. 우리는 보통

'나는 가만히 있는데 세상이 이랬다저랬다 한다'고 외부 탓을 합니다. 봄·여름·가을·겨울 사계절이 변하듯이 나와 관계된 사람도 갑자기 돌변해서 어떤 특정 현상을 보여주기도 합니다.

예를 들어 누군가가 평소 나한테 엄청나게 잘해주다가 어느 날 갑자기 돌변해서 '뒷담화'를 하고 다니는 경우가 있습니다. 이런 것이 '세상의 변화'인데, 이런 변덕의 모습이 바로 나의 거울입니다. 상대방이 나의 본모습을 비춰줌으로써 나 자신의 변덕을 일깨워준다는 의미에서 외부의 변화인 상대의 변덕이 펼쳐진다는 것입니다. 그렇다면 외부의 변덕을 보고 '자신의 변화'로 연관시킬 수 있어야, 즉 반야(般若)를 체득할 때에야 '끊임없이' 지속하는 외부의 변덕이 멈춰지고 환멸(還滅)하게 됩니다.

저도 그런 경우가 있습니다. 친했던 사람이 어느 날 이유도 없이 싹 돌변해서 모른척하기에 그 사람을 많이 원망했죠. 그 모습이 저의 급격한 변덕을 보여준 모습이었다니... 그렇네요.

관계하던 상대가 내 뜻대로 안 되면 단칼에 잘라버림으로써 외면해버리는 경우가 많았지요. 그림자에 대해 공부하며 그 모습이 바로 내 모습이라는 사실이 보여서 지금은 단절을 선택하지는 않지만, 아직도 제겐 어려운 숙제입니다.

⊙ 用變 不動本 ⇒ '無匱'

　자신의 변화(變)로 활용한(用) 덕택에 제공된 외부현상(本)과 메시지(本)에서 움직여가지(動) 않게(不) 된다. 이것이 바로 나의 존재됨됨이(一)가 완전한 십(十)이라는 단련된 경지로(鉅) 한 단계씩 닦여가는(積) 덕택에, 완벽한 삼극(三極)으로 승화되는(化) 이유인 '빈틈없이(無匱) 완수해냄'이라는 '무궤(無匱)'와 대응된다.

　이 구절은 대전제인 1문단의 둘째 구절의 無匱를 자세히 풀어서 설명한다고 했습니다. 이 구절을 축약해보면 '변화로 활용함으로써 담마에서 움직여가지 않는다'는 간단한 표현이 됩니다.

　세간 상태에서는 갖가지 악화하는 외부현상들이 萬往萬來하는 변화가 일어나지만, 출세간 상태인 用變 不動本은 외부상황을 참고해서 자신의 변화로 활용하는 덕택에 不動本의 결과가 따른다는 것입니다. 즉, 외부의 변화가 아니라 자신의 변화로 활용함으로써 本에서 움직여가지(動) 않는(不) 겁니다. 붓다의 담마(dhamma法)와 같은 의미인 本에는 제시된 외부현상과 그 현상이 주는 메시지(天命)라는 이중적 의미가 있습니다.

　여기서 用變의 變과 化三의 化는 관련 있는 단어입니다. 서로 멀리 떨어져 있으나 붙여 놓으면 '변화'(變化)가 됩니다. '變'은 외부의 태도적 변화인데, 마음가짐이 바뀌는 변신(變身)을 말합니다. 반면에 '化'

는 내면의 본질적 변화인데, 존재상태가 바뀌어버리는 승화(昇化)를 말합니다.

用變은 변화(變)로 활용(用)한다는 의미입니다. 세간 문장인 一妙衍 萬往萬來는 외부의 변화이지만, 출세간 문장인 用變 不動本은 자신의 변화를 말합니다. 그러므로 외부상황을 자신의 변화로 활용해서 자기 마음을 바꿔나가는 중에 제시된 특정 외부현상과 그 현상이 주는 메시지에서 벗어나지 않음으로써 내면의 본질적 변화를 통해서 승화한다는 것입니다.

이를 자세히 서술해본다면, 一妙衍 萬往萬來를 통해서 자신의 존재상태가 특정 외부현상을 펼쳐낸다는 사실을 깨달을 때, 자신의 마음가짐을 '의식해서' 바꾸면 이에 연동해서 외부현상도 바뀐다는 사실을 실감하게 됩니다. 그러면 외부현상을 바꾸고자 한다면 그 외부현상 자체가 아니라 자신의 마음가짐을 바꿔야 한다는 진실을 깨닫게 됨으로써 '외부의 변화'가 아니라 '자신의 변화'로 활용하게 되며(用變), 자신에게 제시된 그 외부현상에서 메시지를 얻을 때까지 끈기로 움직이지 않고, 그리고 찾아낸 이 메시지를 자신의 천명(本)으로 받아들이고서 내면의 본질적 변화를 통해 존재상태가 바뀔 때까지 한눈팔지 않습니다(不動). 이것은 자신에게 제시된 현상과 그 현상이 주는 메시지가 자신이 상승하는 데 가장 적절하며 알맞고 완벽하기 때문입니다.

用變 不動本은 외부상황을 바꾸려 하지 않고, 자신의 변화로 활용한 덕택에 지금 여기에 제공된 本 즉, 제시되는 현상과 그 현상이 주는 메시지에서 움직여가지 않고 존재상태가 바뀔 때까지 끝장을

본다는 것입니다. 이를테면 지금 내 마음에 들지도 않고 나를 힘들게 하는 사람, 즉 그림자 현상을 제공하는 상대가 나에게 주는 메시지를 찾을 때까지 벗어나지 않고, 그 맞상대를 통해 찾아낸 메시지에서 움직여가지 않고 끝장을 봄으로써 내 존재상태가 상승하게 된다는 것입니다.

이것이 바로 붓다께서 말씀하신 정로(正路)입니다. 팔리어로 쌈마 빠띠빠다(sammāpaṭipadā)라고 합니다. 그리고 一妙衍 萬往萬來와 같이 깨닫지 못한 상태에서 현실에 급급하여 살아가는 것을 미짜 빠띠 빠다(micchāpaṭipadā) 오로(誤路)라고 했습니다. 이것을 보통 정도(正道)와 사도(邪道)로 그냥 번역하는데 정확하게 살펴보면, 막가(道 magga)는 추상적 way(방식)이고, 빠띠빠다(路 paṭipadā)는 실천적 road(행로)입니다. 추론을 통해 도(道)를 알아보고, 실제로 로(路)를 걸어가는 것입니다.

이처럼 빠띠빠다(paṭipadā)는 사람이 실제 걸어가야 하는 길이고, 막가(magga)는 팔성도처럼 사람이 궁리해야 할 길로 '아, 저 길이 맞아.' 이렇게 생각하는 상상 속의 지도 같은 길입니다. 그러므로 정로(正路) 오로(誤路)가 적절한 번역이라고 봅니다. 또 이것을 기존에는 환멸문(還滅門) 유전문(流轉門)이라고 했으나 붓다의 원음인 니까야에서 찾지 못했습니다.

이 연기(緣起)는 다른 말로 적중법(的中法)인데 팔리어로 맛지마 담마(majjhimā-dhamma)입니다. '양극단으로 가지 않고 (그때그때 상황에 따

라) 적중하는 담마(연기된 현상과 메시지)를 제공하는데, 그 담마에 따라 자신의 존재상태를 바꾸면 고온(苦蘊)이 환멸한다'는 적중하는 담마가 적중법(的中法)입니다.

그리고 보통 중도(中道)로 알려진 적중로(的中路)가 있는데 맛지마 빠띠빠다(majjhimāpaṭipadā)입니다. 안목과 앎을 낳아서 궁극적 고요(寂靜) 직관지 바른 깨달음(正覺) 열반(涅槃)으로 이끌며, 쾌락과 고행 양극단으로 가지 않고 적중하는 행로인 적중로는 정견(正見)에서 시작하는 팔성도(八聖道)입니다.

이 적중하는 행로가 바로 '자신의 마음가짐을 바꿔가면 대상도 또한 연동해서 바뀐다'는 '用變'을 체득하게 되면 '자신에게 제시된 외부현상 그리고 그 현상에서 주어진 메시지가 언제나 자신에게 완벽하게 맞춰진 것임을 깨닫게 되므로 그곳에서 움직여 옮기지 않는다'는 '不動本'과 같은 의미입니다. 이것은 대상이 자신에게 주는 의미를 알아보는 반야를 얻은 정견(正見)의 상태에서는 또 다른 정답을 찾아가지 않을 것이기 때문입니다. (적중로와 팔성도에 관한 자세한 내용은 『붓다의 발견』을 참고하시길 권합니다.)

用變 不動本은 대전제인 1문단의 無匱를 자세히 설명하는 구절이라고 했습니다.

'새는 구멍이 없다' '빈틈없이 완수해낸다'는 뜻인 '無匱'는 한 번 주어진 기회를 놓치거나 피하지 않고 빈틈없이 완벽하게 해내는 것입니다. 기회를 놓치지 않고 붙들어서 제공된 담마를 완수해낸다는 말입니다. 항상 유비무환의 깨어있는 상태가 됨으로써 상황이 와서 내면에 경종을 울리면 無匱, 즉 조금도 빈틈이 없이 기회를 놓치지 않고 붙들어서 새로운 차원으로 상승해버리는 것입니다.

그래서 각지불이(各知不移)의 불이(不移)처럼 '옮기지 않고서' 그 어떤 담마로부터 움직여가지 않고 그 자리를 지키면서 맞상대를 통해서 어쨌든 자신의 존재상태를 바꿔버리겠다고 결단하는 것, 그럼으로써 니체가 말하는 영겁회귀를 중단시키는 것이 바로 無匱이고 用變 不動本입니다.

이것은 외부상황 자체가 잘못되었다고 하라는 것이 아니라 (설사 잘못된 듯이 보여서) 상황이 아무리 힘들고 피하고 싶을지라도 그 자리가 가장 완벽한 자리임을 신뢰하고, 상대방이 아무리 원수 같을지라도 내가 터득하는 데 가장 완벽한 맞상대가 나타났으리라고 확신하라는 것입니다. '자신을 바꿔감으로써(用變) 맞상대를 바꿔버리지 않아도(不動本) 된다'인데, 이런 점이 바로 '빈틈없이 완수해낸다'는 無匱입니다.

그러므로 用變은 내가 바뀜으로써 외부상황이 바뀌게 하라는 것이고, 不動本은 끈기 있게 그 자리를 지키면서 아무리 어려워도 거기에서 벗어나지 말고 끝장을 보라는 것이며, 無匱는 대상에서 자신을 위한 완벽성을 알아보라는 것을 말합니다.

그림자인 그분 덕택에(?) 곧세게 마음먹고 임하지만 그래도 잘하다 말다를 수시로 요동치며 오락가락합니다. 그 빈번함의 횟수가 이제는 좀 줄어들긴 했으나 요동치지 않는 부동(不動)이 얼마나 어려운 일인지 알지요.

그런데 아무리 어려워도 내 소명을 이루는 데 완벽한 맞상대인 그분을 통해 끝장을 보라. 이것이 빈틈없이 내 소명을 완수한다는 무괴(無匱)한 용변(用變) 부동본(不動本)이다는 설명 가슴 깊이 새겨들었습니다.

그리고 동학의 불연기연(不然其然)이란 '그때는 나한테 의미가 없는 줄 알았는데 지금은 나한테 의미가 있다.' '그때는 틀리고 지금은 맞다' '그때는 몰랐지만, 지금은 깨달았다'고 알아보는 것을 말하는데, 이 불연기연이 바로 자신에게 벌어지는 외부현상에 대해서 과거에는 우연이라고 여겨서 그냥 모르고 지나쳤으나 지금은 그것이 자신에게 주는 의미를 알아보고 자신이 변화하는 데 활용한다는 用變에 해당합니다.

그리고 각지불이(各知不移)는 각기 各, 알 知, 아니 不, 옮길 移, 즉 각자가 옮기지 않아도 됨을 안다는 뜻이고 不動本도 제공된 현상과 메시지에서 움직여가지 않는다는 뜻이므로 불이(不移)와 부동(不動)은 같은 말입니다. 제각각 현재 자신이 있는 곳이 완벽하니까, 다시 말해 비록 자기 마음에 안 드는 대상이라도 완벽한 맞상대이니까 옮기지 않아도 됨을 아는 것입니다. 이렇게 동학(東學)하고 연결됩니다.

4문단
本心　本太陽
昻明　人中天地一

本心 탓에 本太陽이 되는 것을 깨달을 때,
(본심)   (본태양)
昻明 덕에 人中天地一 하게 된다.
(앙명)   (인중천지일)

하늘이 주는 소명을 감추므로 그 소명이 감춰진 강력한 사건이 발생하고 맙니다. 하지만 이를 깨달아 투명성이 높아진다면 남을 일깨우는 데 천지와 협업하게 됩니다.

담마의 마음(本心)이 감춰지기 때문에, 담마(本)가 내포된 강력한 외부현상(太陽)으로 드러나고 만다.
하지만 이를 깨달아 투명성이(明) 높아진(昻) 덕택에, 사람(人)이 중심(中) 되어 천지(天地)와 하나가(一) 된다.

이 문단에서 앞 구절은 우주가 내면체험과 외부현상을 통해서 각자의 존재됨됨이를 일깨워주는 방식을 서술하고, 뒤 구절은 이런 점을 깨달을 때, 즉 각자의 존재됨됨이를 알아챈다면 있는 그대로 자신의 모습을 투명하게 드러내는 과정을 밟아감으로써 결국 천지와 하나가 된다는 점을 서술하고 있습니다.

30쪽에서 4문단은 3문단을 원인으로 나타나는 결과라고 했습니다. 즉, 一妙衍 萬往萬來하므로 本心 本太陽이라는 결과가 나타나고, 用變 不動本하므로 昂明 人中天地一이라는 결과가 나타난다는 것입니다.

　각자의 존재됨됨이(一)가 묘하게(妙) 펼쳐져서(衍) 만 가지가 오가므로(萬往萬來) 담마(本)의 마음(心)이 감춰지면 담마(本)가 내포된 강력한 외부현상(太陽)이 제공됩니다. 자신의 변화(變)로 활용해서(用) 담마(本)에서 움직여가지(動) 않으므로(不) 투명성이(明) 높아지고(昂) 사람(人)이 중심(中)되어 천지(天地)와 하나(一)가 됩니다.

⊙ 本心 本太陽 ⇒ '本'

담마의 마음(本心)이 감춰지기 때문에, 담마(本)가 내포된 강력한 외부현상(太陽)으로 드러나고 만다. 이것이 바로 나의 존재됨됨이(一)가 삼극(三極)으로 투사되기(析) 때문에 각자에게 끊임없이(無盡) 제공되는 현상(本)과 메시지(本)라는 '본(本)'과 대응된다.

이제 '本'을 주제로 상세히 설명해주는 本心 本太陽을 살펴보겠습니다. 이 구절은 대전제인 1문단에서 無盡本의 本에 대해 자세히 설명합니다. 즉, 각자의 존재상태가 三極으로 펼쳐질 때 자신의 존재상태를 일깨워주면서 끊임없이 지속하는 '本'이 작동하는 메커니즘을 설명합니다.

本心 本太陽 양쪽에 '本'이 있다는 점을 주목해본다면, 128쪽의 설명에서 本에는 다르마(dharma)로 알려진 붓다의 '담마(曇摩 dhamma)'와 같은 의미로서 제시된 외부현상 그리고 주어진 메시지라는 이중적 의미가 있다고 했습니다. 그러면 本太陽의 本은 각자에게 제시된 외부현상인 '메신저'이고, 本心의 本은 그 현상이 주는 '메시지'인 것입니다. 결국, 本太陽의 메시지는 먼저 本心에서 주어졌던 바로 그 메시지인 셈입니다.

인과응보를 자각할 기회를 제공한다는 의미의 깜마(까르마kamma 業), 그리고 운명개척을 자각할 기회를 제공한다는 의미의 담마(다르마dhamma)는 서로 대비됩니다. 깜마는 자신이 마음을 정해 선택한 활동에 걸맞은 귀결이 주어진다는 숙명(宿命)을 말하고, 담마는 자신이 마음을 정해서 선택한 의미에 걸맞은 메시지가 주어진다는 운명(運命)을 말합니다. 천부경의 本에는 활동 중심의 깜마 그리고 현상 중심의 담마 양쪽 속성 모두 있습니다. 한마디로 자신의 깜마를 고려해서 제공된 담마(현상)를 접하고 마음을 정한 그대로 인생이 흘러가듯이, 삶도 신(神)의 명령인 숙명(宿命)을 내포한 '本'을 다루는 방식에 따라 정해진다는 말입니다.

앞에서 本을 '담마'라고 했는데, 그러면 本心은 담마의(내면에 메시지로 주어진) 마음이고, 本太陽은 담마의(외부에 현상으로 제시된) 太陽이 됩니다. 똑같은 신의 뜻이 안에선 '내면에 메시지로 주어진 마음'으로 그리고 밖에선 '외부에 현상으로 제시된 태양'으로 발현된다는 것입니다.

本心은 내면에 전해진 신의 메시지이므로 주로 느낌·감정·생각·꿈·양심이라는 내면 체험으로 나타납니다. 本太陽은 외부에 반영된 신의 메신저이므로 주로 외부현상이라는 체험으로 나타납니다. 이것은 신이 각자의 존재됨됨이를 일깨워줄 때 전자는 내면의 경험을 위해 마음에서 일어나고, 후자는 외부의 체험을 위해 특정한 현상에서 일어나는 셈입니다.

각자가 자신의 존재됨됨이를 三極으로 투사할 때, 즉 자신의 존재 상태가 天極·地極·人極으로 펼쳐질 때, (65쪽의 설명처럼) 天極은 감정이나 느낌을, 地極은 생각이나 환영 그리고 꿈을, 人極은 몸소 겪는 체험을 제공합니다. 그런데 느낌·생각·체험을 통해서라도 메시지

전달에 실패하면 本心에 드물게 내면의 강력한 목소리가 들리기도 합니다.

　여기서 주인공에게 자신의 존재상태를 자각하게 하는 프로젝트를 진행하는 前三極(天1極·地2極·人3極)은 감정·느낌·생각·영상·꿈·체험을 통한 연상작용으로 '담마의 마음'을 귀띔해주는데, 이 내적 메커니즘을 '本心'이라고 합니다. 주인공의 마음상태를 자각하게 하는 프로젝트를 진행하는 後三極(天7極·地8極·人9極)은 충격을 주려고 강력한 사건을 동원하는데, 이 외적 메커니즘을 '本太陽'이라고 합니다. 이런 점에서 前三極은 本心을 자각하게 해주고, 後三極은 本太陽 자체입니다.

　각자의 존재상태를 반영해서 내면에 떠오르는 本心(담마의 마음)은 '담마가 내포된 내면마음'이고, 바로 그 담마를 인정하지 않는 마음상태가 외부에 투사됨으로써 발생하는 本太陽(담마의 현상)은 '담마가 내포된 외부현상'입니다.

　이를테면 126쪽의 실례를 자세히 살펴본다면, 직장에서 상사가 막말로 은근히 성질나게 했을 때, 내면에서 '결국 저 사람이 숨겨진 나의 분노를 인정할 수밖에 없는 기회를 제공하는군'이라는 느낌이 들든가, 상사의 모습에서 '만만한 후배에게 책임을 떠넘기던' 바로 자신의 모습이 생각나든가, '이제 자신의 분노를 드러내서 다뤄야 해!'라는 강력한 내면 목소리가 들리는데, 이런 것이 바로 외부현상을 통해 자신이 될 기회로 삼도록 반야를 일깨워주는 本心입니다. 소크라테스도 어린 시절부터 다이몬(daimon)의 소리를 듣고서 신뢰하고 따랐다고 합니다. 다이몬의 소리가 바로 本心입니다.

그런데 이 本心을 있는 그대로 인정하고 선언하며 드러내는 용기를 내지 않으면 집에서도 평소와 달리 부인이 바가지를 심하게 긁는데다 아이들마저도 약을 올리는 말장난을 심하게 침으로써 성질을 낼 수밖에 없게 되는데, 풍선을 터뜨리는 이런 외부현상이 바로 本太陽입니다.

즉, 자신의 이익을 추구하는 속셈이 아니라 자신이 손해를 볼 수도 있는 속마음을 있는 그대로 인정하고 선언하며 드러냄으로써 내적으로 정직해지고 자기 진실에 서며 어려운 길로 가기로 결단하지 않으면 결국 자신의 뜻에 반하는 고통을 불러오는 本太陽의 사건이 발생하고 맙니다.

만일 위의 실례에서 직장상사가 주인공 자신을 성질나게 하리라는 것을 직감했을 때 '인사권을 쥐고 있는 직장상사일지라도 부당한 언사에 문제를 제기하고 갑질에 항거해야 한다'는 양심의 소리가 들렸음에도 현실과 가족의 행복을 핑계로 양심(여기서는 도덕적 의무나 죄의식적 양심이 아니라 자발적 양심을 의미), 즉 本心을 외면하면 특정 사건이 발생합니다.

이처럼 天極과 地極이 펼쳐질 때 주인공에게 불현듯 드는 느낌이나 생각을 (사건이 일어나기 전에 미리 알려주는) 기미(機微)·징조(徵兆)·복선(伏線)이라고 합니다. 이것이 바로 人極이 현실에 펼쳐지기 전에 천지신명이 미리 일깨워주는 사인(sign)인 本心이고, 이를 외면하면 本太陽을 불러오게 됩니다.

음 계산적인 저는 양심에 거리낄 때 세상사는 거 다 그렇지 뭐 괜찮아~ 하며 잘 이해해주는 척하며 쿨한 사람으로 꾸며서 본심을 인정하는 것조차 외면해왔는데, 이런 제가 양심의 소리를 그대로 드러낸다면 외부에 잘 보이고 싶은 저는 멋진 사람이란 찬사를 포기하고 상당한 용기를 내야만 하니 아찔하군요.

용기를 내기 어려운 이런 맥락에서 우리가 일상에서 '본심을 드러내라!'고 할 때의 본심이 바로 천부경의 本心입니다. 이 本心을 드러내지 않으면 관계가 꼬이고 복잡해진다는 점을 평소 우리는 알고 있기 때문입니다. 그런데도 본심이 드러나거나 들키면 창피하다고 여겨서 숨겨버렸거나 숨기고 싶어하는 자신의 속성인 그림자(shadow)가 바로 本心입니다.

반면에 위의 실례에서 주인공이 자신에게 분노가 있다고 외려 큰소리치면서 자신의 본심을 드러냈다고 주장할 수도 있습니다. 어떤 이는 자신에게 욕심이 있다고 공공연하게 주장하면서 자신을 정당화하지만, 本心은 자신의 '존재상태'를 있는 그대로 일러주는 역할을 하지 절대 욕심을 채워주지 않으며, 오히려 삶은 자신의 욕망대로 진행되지 않습니다.

즉, 자신의 내면 감정이나 느낌, 생각을 솔직하게 표현해야만 '자신이 누구인지' 자기 모습을 있는 그대로 인정할 수 있습니다. 만일 자신의 참모습을 숨기면 타인뿐만 아니라 자신마저도 속을 수 있기 때문입니다.

그러므로 자신의 本心이 진정 무엇인지 고심해봐야 할 것입니다.

부자가 되고 싶은 마음이 本心일까요? 이런 욕심은 本心이 아닙니다. 이런 사람의 本心은 오히려 '네가 부자라는 것이 어떤 건지나 알아?' '부자가 되려면 가난에 대해서 터득해봐라.' 이런 양심의 소리일지 모릅니다. '가난이 어떤 의미인지, 왜 사람이 가난해지는지, 부지런히 일하는데도 왜 가난에서 벗어나지 못하는지, 같은 시간 일하는데 받는 돈이 왜 100배나 차이가 나는지, 부자 되기가 순전히 개인의 능력으로 가능한지 알아봐라.' 이런 내면의 소리가 本心일지도 모릅니다.

이런 내면의 本心에 관해서 '우리는 신이다.' '내면에 신이 있다.' '내 안의 나' '마음속의 하느님' '내 안에 부처가 있다'는 다른 표현들이 있으나 '담마의 마음'과 뜻이 다르지 않으며, '만물에 불성(佛性)이 있다.'도 외부에서 자신의 마음상태를 일러주는 本太陽과 같은 맥락입니다.

   우리는 신이다, 내면에 신이 있다는 기존의 허황한 의미가 '내 내면에 신의 메시지가 전해지는 마음이 있다'로 정정되네요.

위의 실례에서 주인공이 자신에게도 직장상사와 같은 폭력성이 내면에 있음을 인정하고 부당함에 저항하는 용기를 내라는 本心의 명대로 하지 않음으로써 집에서 평소와 다른 부인의 바가지와 아이들의 말장난이라는 本太陽에 맞닥뜨리게 됩니다. 직장 상사의 부당한 처사로 모습을 드러낸 前三極은 주인공으로 하여금 本心을 자각하게 해주고, 이런 부인과 아이들의 행동으로 우연히 모습을 드러낸

七八九의 後三極은 前三極보다 훨씬 강하게 주인공으로 하여금 자각하게 해주는 本太陽입니다. 이처럼 각자가 자각하도록 현실에서 번갈아 작동하면서 돕는 本心 本太陽은 도(道)·신명(神明)·천사·우주의 도우미입니다.

　이런 식으로 작동하는 本心(담마의 마음)을 알아보려면 처음에는 本太陽(담마의 현상)을 통해서 알 수 있습니다. 本心을 실천하지 않을 때는 어떤 식으로든 本太陽이 드러내기 때문입니다. 그다음 어떤 本이 진짜인지 분별하는 법을 체득함으로써 알 수 있는데, 과거 체험에 의한 선입견을 버리고, (오감에 좌우되지 않는) 생짜 느낌이라는 첫인상(순수이성, 반야)을 중시하면 도움됩니다. 장기적으로 자신을 잘되게 해주는 本心 그리고 단기적으로 생존을 도울 뿐인 '에고'를 분별하는 데는 왕도(王道)가 없고, 삶이란 과정에서 분별력을 체득해야 합니다. 그러므로 이 방법에는 외부현상과 자신의 존재상태를 연결해서 반야를 체득하는 것이 훨씬 효과적입니다.
　그러므로 감정에 좌우되는 선입견을 내려놓지 않는다면, 또 내면에 떠오르는 느낌을 존중하지 않는다면, 원래 선택해야 했던 반야라는 本心(담마의 마음)을 일깨워주는 本太陽(담마의 현상)이 우연처럼 현실에 발생하고 맙니다. 이렇게 다양한 방식으로 묘하게 자신이 本心을 드러내지 않았다는 것을 일깨워줄 만한 사건이 펼쳐지는데 그 사건을 本太陽이라 합니다. 이 사건들이 바로 내 本心을 비춰주고 밝혀주는 太陽처럼 작용합니다.

여기서 태양(太陽)과 관련해서 떠오르는 이야기가 있습니다. 바로 태양과 바람의 내기에 관한 이솝우화입니다. 태양과 바람이 지나가는 나그네의 외투를 누가 먼저 벗길지 내기합니다. 바람은 강풍을 불어 나그네의 외투를 벗기려 하지만 나그네는 오히려 자신의 옷깃을 더욱 단단히 여밉니다. 하지만 태양은 따뜻한 햇볕을 비추었고 나그네 스스로 외투를 벗게 했습니다.

마찬가지로 담마의 태양인 本太陽도 천명이라는 강력한 태양을 비춰서 나로 하여금 六으로 상징되는 탐진치의 내 마음(心)을, 깨우치지 못한 내 존재상태(一)를, 나를 일깨워주려는 도우미인 담마(本)를 인정할 수밖에 없게 합니다. 이것이 바로 本心 本太陽에 내포된 의미입니다.

죽간노자에서 말하는 道의 도우미 중에서 내면의 메시지를 전하는 비천한 무녀(巫女)는 本心, 외부에서 길을 인도하는 무명의 마부(馬夫)는 本太陽에 해당합니다.

여러분도 겉과 속이 다른 자신보다 더한 사람이 나타나서 속을 끓여보았을 것입니다. 원수는 외나무다리에서 만나듯이 '나보다 한술 더 뜨는 놈이 있네.'라는 마음이 치밀어 오르는 때 말입니다. 그때 그 상대가 바로 나의 실제 모습을 비춰주기 위해 本太陽의 역할을 하러 나타난 人9極인 신의 사자입니다.

네, 자주 있죠. 아무리 이해해주려고 해도 너무하네~ 라고요. 그런 모습이 바로 나의 실제 모습을 비춰주는 本太陽이라니 후아~ 막막하네요.

❈ 천부삼인(天符三印)

여기 太陽에서 다른 데로 좀 새겠습니다. 이 글이 천부경이라고 이름이 붙여져 있으니 천부삼인이 떠올려집니다. 환웅께서 지상에 내려올 때 청동거울·청동칼·청동방울을 가지고 왔는데 이 셋을 천부삼인이라고 합니다. 그런데 이 천부삼인이 상징하는 의미가 잘못 알려졌다고 여겨집니다.

    그렇군요. 천부삼인에 대한 제대로 된 의미가 궁금합니다. 빨리 듣고 싶군요.

⊖ 청동거울

먼저 청동거울의 역할에 대해 대체로 알려진 이야기는 청동거울을 가슴에 차고 있으면 거울에서 빛이 반사돼 광채가 번쩍번쩍 나므로 지도자나 임금의 위엄을 상징하기 위한 것이라는 시각이었죠. 또는 옛날에는 제정일치로 제사장이 지도자의 신분을 상징하기 위해서 찼다고 하지요.

청동거울이 권위를 내세우는 상징으로 알려진 이유는, 제가 볼 때 실력 없는 지도자가 권력을 이용해 욕망을 채우려는 속셈으로 사람들을 권위로 누르기 위해, 자신의 성찰을 돕는 청동거울을 태양처럼 번쩍번쩍 눈에 부셔서 사람들이 쳐다보기도 어려운 과시용으로 오용했기 때문입니다. 그런데 청동거울은 외부 과시용이 아니라 실제로는

지도자로 하여금 사람들을 제대로 섬기도록 성찰을 돕는 용도였습니다.

세상에는 3가지 중요한 거울이 있습니다. 비춰주는 거울, 타자라는 거울, 역사라는 거울입니다. 일반적인 거울은 얼굴에 뭐가 묻었는지 보고 자신의 모습을 고치는 거고, 타자라는 거울은 주변 사람을 보고 나는 저리 하지 말아야지 하며 반면교사로 삼는다는 것이며, 역사라는 거울은 같은 실수를 반복하지 않도록 실패한 과거를 비춰보고 현재를 알아본다는 것이죠.

우리가 거울을 볼 때 그 거울을 고치려는 게 아니라, 거울을 통해 나를 고치려고 보는 거잖아요. 거울은 내게 무엇이 묻어 있는지, 내게 어떤 오류가 있는지, 내게 반복하는 모습이 있는지 나를 들여다보고 성찰하는 도구이죠.

마찬가지로 청동거울도 자기 자신을 성찰해서 고치기 위한 도구라는 겁니다. 실제로 동그란 거울 주변에 햇살 모양의 장식을 보신 적이 있을 거예요. 그 햇살 장식은 눈 부시어 쳐다보기 어려운 권위의 태양이 아니라, 따뜻한 햇볕을 비춰서 나그네 자신을 가리던 외투를 스스로 벗게 하는 태양을 상징합니다. 그러므로 환하고 강력하게 비치는 태양 같은 거울을 지닌다는 것은, 태양 같은 빛으로 자기 자신을 명확하게 비춰봄으로써 항상 자신을 성찰하고 자신을 고쳐가겠다고 다짐한다는 의미입니다.

그래서 천부경은 천부삼인 중 태양을 상징하는 무늬인 햇살 장식이 있는 청동거울을 太陽에 비유했습니다. 그러므로 자신을 보고 싶으면 太陽이라는 자신의 거울을 보면 됩니다. 자신의 진리는 멀리 있지 않고 바로 자기 주변 가까이에 있습니다.

⊖ 청동칼

　청동거울처럼 청동칼도 힘을 과시하여 사람들에게 두려움을 조장하고 위협하기 위한 칼이 아닙니다.

　니까야에 보면 붓다는 칼은 반야를 상징한다고 비유로 언급합니다. 고루(āsava번뇌)를 종결하려면 칼날 위에 서듯이 죽음에 대한 사띠(sati 念)를 닦으라고 했습니다. 칼로 두꺼운 껍질을 갈라버리듯이 외부현상이 펼쳐져도 의식하며 깨어서 그 현상에 휘둘리지 말고 그 현상을 갈라쳐서 이면 세계에 들어 있는 숨겨진 내막을 들여다보라는 거죠. 이렇게 칼같이 파헤쳐진 진면목을 자신의 존재상태와 연결하라는 의미에서 칼은 반야에 비유됩니다.

　그래서 태양을 상징하는 거울을 통해서 강력하게 비춰주는 타인 모습에서 내 모습을 알아보고 나를 바꾸는 기회로 삼듯이, 위험하게 보이는 청동칼을 통해서도 내 앞에 드러난 현상을 칼로 파헤쳐 칼같이 알아챈 진면목을 나의 존재상태와 연결해서 나를 바꿀 반야, 즉 내가 될 기회로 삼는다는 것입니다.

　　거울과 칼의 의미를 듣다 보니 선조(先祖)의 수행에 대한 결연한 의지가 느껴져 숙연해집니다.
　　이제 청동방울이 남았군요. 방울이라면 저는 무속인들이 흔들며 접신하는 장면이 연상되는데요. 청동방울이 혹시 연관이 있을까요? 방울의 진정한 의미도 궁금하군요.

㊀ 청동방울

　부여에서 청동거울과 청동칼, 청동방울이 나왔다고 합니다. 지금은 천부삼인의 방울이 종이나 북으로 대체된 것으로 보입니다. 하지만 무속인들은 아직도 공통으로 방울을 쓰고 있습니다.

　그런데 제가 거듭 말하고 싶은 점은, 천부삼인 거울·칼·방울이 외부사람을 향해 번쩍이며 권위를 세우기 위한 거울이거나, 외부 사람을 위협하기 위한 칼이라거나, 방울을 흔들어 내가 여기 있으니 주목하라는 등의 의미가 아니라는 거죠.

　거울이나 칼처럼 방울도 자신한테 스스로 결단한 정체성에 비추어 지금 제대로 잘하고 있는지, 항상 의식하며 깨어 있는지를 점검함으로써 자명종이 자나 깨나 일깨우듯이 자신에게 경종을 울리라는 것이랍니다.

　그래서 천부경의 **不動**(부동)이 각지불이(各知不移)의 **不移**(불이)와 같다고 했잖아요. 이는 자신의 담마(本)로부터 움직여가지 않음으로써(不動) 새로운 차원으로 상승할 기회가 올 때 경종을 울리며 1단계➔2단계, 2단계➔3단계, 3단계➔4단계 계속 이렇게 한 계단 한 계단씩 닦아가라는(−積＋鉅) 내용입니다. 상승의 기회가 언제 올지 모르니 항시 깨어 있으면서 자신을 일깨워주는 경종 소리를 들을 마음을 준비하라는 것입니다.

　그러다 어느 순간에 특정 상황이 제시될 때, 내면에 경종을 울려서 기회를 붙들고 중심을 잡아서 외부현상에 휩쓸리지 않도록 항상 깨어있음으로써 뿌리를 뽑을 때까지 직면한 상황에서 움직여가지 않고(不動本), 빈틈없이 완수해냄으로써(無匱) 완벽하게 승화된 새로운 차원으로 탄생하라는 겁니다.

　더 설명해본다면, 방울 속에 소리를 내는 것이 바로 알인데, 그 알은 탄생을 상징합니다. 그래서 방울 속의 알은 모태 속의 태아를 상징합니다. 박혁거세, 김알지가 알에서 태어났다고 하는 것도 같아요. 그리고 모태와 동굴도 같은 구조입니다. 단군신화에서 곰이 동굴에서 100일간을 견뎌내서 사람이 되었다는 것도 알에서 태어났다는 것과 같습니다.

　그래서 이처럼 알과 동굴의 탄생 설화는 여러분도 지금 살아있으면서 재탄생할 수 있음을 말해줍니다. 나의 그림자인 마음에 들지 않는 사람, 즉 꼴 보기 싫은 그분에게서 보이는 모습이 바로 내 모습임을 알아보고, 동굴로 들어가 그에게서 보이는 그 어둠이 나에게도 있다는 것을 인정하고 받아들여 쓴맛과 매운맛을 힘들게 겪어낼 때 경종을 울림으로써 자신의 어둠을 다루어 어둠을 통합해서 그림자 통합을 이루어 갑니다(4成). 이것이 바로 미몽에서 깨어나 새롭게 탄생한다는 것입니다.

　이 천부삼인을 수리(數理)로 연결해보면 태양이라는 거울은 지도자 자신을 성찰하는 도구이므로 '四'에 해당하고, 반야라는 칼은 자신이 될 바를 알아보고 결단하는 도구이므로 '五'에 해당하고, 탄생이라는 방울은 자신이 상승해야 할 때를 일러주는 도구이므로 '十'에 해당합니다.

　　천부삼인에 내면을 성찰하기 위한 의미가 담겨있는 것을 보니 선조(先祖)에 대한 자부심과 감사함이 밀려옵니다. 저도 선조(先相)를 본받아서 가슴에 담긴 천부삼인으로 내면을 일깨우며 한 걸음 한 걸음 성장해가겠습니다.

이제 本心 本太陽을 연기(緣起)와 연결해보겠습니다. 연기가 '연기된 현상(緣生法)'을 통해 '적중하는 담마(的中法)'를 파악하듯이, 천부경도 외적 메커니즘인 本太陽을 통해서 내적 메커니즘인 자신의 마음(心)을, 자신의 존재상태(一)를, 자신에게 제공된 담마(本)를 파악해내는 같은 방식입니다.

천부경과 연기를 구체적으로 연결해본다면 一, 즉 각자의 존재상태는 연기의 '아라마나(ārammaṇa)'에, 이 존재상태가 반영되어 내면에 떠오르는 本心은 연기의 '적중하는 담마(的中法)'에, 내면에 떠오르는 이 本(메시지)을 외면하기로 정하는 心은 연기의 '정하는(manasikara) 마음(mano마노)'에, 그 本을 인정하지 않는 마음상태가 외부에 투사됨으로써 현실에 발생하는 本太陽은 '연기된 현상(緣生法)'에 해당합니다.

연기에서 조건에 따라 펼쳐지는 외부현상을 연생법(緣生法) 빠띠짜 삼우빤나 담마(paṭiccasamuppanna-dhamma)라고 합니다. 이는 연기된 외부현상이므로 무상함 괴로움 악화함 병 종기 화살 근심 아픔 나빠짐 타인 공(空)이라고 간주하는데, 거부할 수 없는 태양 같은 거울인 本太陽입니다.

쉽게 말하면 연기된 외부현상에 대해서 탐진치(貪탐하기, 瞋싫어하기, 痴외면하기)의 태도를 보이면 결국 괴로워지므로 그 현상을 통해 담마를 알아보고 정로(正路)를 걸어가라는 말입니다. 마찬가지로 담마가 들어있는 외부현상인 本太陽에서 本을 알아보고 運三極의 길을 가라는 것입니다.

그리고 本心과 本太陽을 동학과 연결해보면, 담마가 내포된 내면 도우미인 本心은 '내면에 신령이 있다'는 뜻인 내유신령(內有神靈)에 해당하고, 담마가 내포된 외부 도우미인 本太陽은 '그 신령이 외부현상으로 화한다'는 뜻인 외유기화(外有氣化)에 해당합니다.

정리해보면 本心은 각자의 존재상태를 반영한 담마가 내포되어 내면에서 떠오르는 내면마음이라는 도우미이고, 이 本心을 받아들이지 않을 때 펼쳐지는 本太陽은 그 마음상태를 반영한 담마가 내포되어 외부에서 발생하는 외부현상이라는 도우미입니다. 우리가 의식하지 못하더라도 언제나 내적으로 本心이 외적으로 本太陽이 작동하고 있습니다.

그러니까 결국 本心은 내면의 마음이고, 本太陽은 본심을 인정하지 않는 마음상태를 태양처럼 환히 외부로 펼친 현상이군요. 게다가 본태양을 탐진치로 대하면 本이 無盡하게 되는 거고요.
우주의 도우미로서 本心과 本太陽은 인간의 내면과 외부에 무소부재하고 또한 두루 편재하면서 각 개인을 자각으로 이끄는 놀라운 전략이네요. 이 지극하신 신(神)의 사랑에 감동과 감사가 터집니다!

⊙ 昴明 人中天地一 ⇒ '化三極'

투명성이(明) 높아지는(昴) 덕택에 사람(人)이 중심(中)되어 천지(天地)와 하나(一)가 된다. 이것이 바로 나의 존재됨됨이(一)가 완전한 십(十)이라는 단련된 경지로(鉅) 한 단계씩 닦여가는(積) 덕택에, 빈틈없이 완수해냄으로써(無匱) 완벽한 삼극(三極)으로 승화된다는(化) '화삼극(化三極)'과 대응된다.

昴明에서 明은 '밝은 明'인데 투명성(透明性)을 말하고, 昴(앙)은 높다, 들다, 오르다, 뜻이 높다, 말이 저벅저벅 걷다 등의 뜻이 있는데 물가 앙등(昴騰)에서처럼 점점 높아지는 개념으로 '해가 높이 떠오르는 모습'을 상징합니다. 그래서 昴明은 해가 높이 떠오르면서 햇빛이 점점 투명해지듯이 '점차 투명성이 높아져 간다'는 의미로 '투명성이 높아진다'입니다.

앞에서 각자의 존재상태를 반영한 담마가 내포되어 내면에서 떠오르는 도우미인 本心(담마의 마음)을 인정하고 수용하지 않으면, 그 마음상태를 반영한 담마가 내포되어 외부에서 발생하는 도우미인 本太陽(담마의 현상)을 겪게 된다고 했습니다. 한마디로 本心을 수용하지 않아서 本太陽이 발생합니다.

本心을 있는 그대로 솔직하게, 정직하게, 진실하게, 투명하게 드러내지 못하는 것은 외부 눈치를 보는 수치심(羞恥心) 때문이고, 생존에 관련한 두려움 때문이며, 양심을 속이기 때문이고, 근본적으로 용기를 낼 기회를 잡지 않기 때문입니다.

　이처럼 우주의 힌트인 本心을 있는 그대로 드러내지 않고 무시하면 삶이 뜻대로 되지 않고 오히려 꼬인다는 사실을 자각함으로써 용기를 내서 자신의 단점을 내포하고 있는 本心을 있는 그대로 투명하게 드러내게 됩니다.

　여기서 상대로 하여금 자신의 '외적 모습'을 보게 하는 것을 가시성(Visibility 可視性)이라고 하고, 자신의 '내적 모습'을 알리는 것을 투명성(Transparency 透明性)이라고 합니다. 전자는 외부에서 벌어진 사실을 사실 그대로 말하는 외적 정직이고, 후자는 내면에서 벌어진 마음을 있는 그대로 말하는 내적 정직입니다. 이처럼 정직해지려는 것에도 양면성이 있습니다.

　이를테면 정부에서 양극화 해소를 위해 어떤 방식으로 예산을 짜는지 과정을 드러내는 것이 가시성이고, 어떤 이유로 예산을 책정했는지 의사결정 동기를 드러내는 것이 투명성입니다. 열린 행정은 정책 결정 과정에서 전체 맥락과 숨겨진 의도를 드러내는 것이지 형식적으로 시민이 참여한다고 해서 펼쳐지는 것이 아닙니다. 자신의 속마음을 열어야 합니다.

　이처럼 외적인 정직인 가시성을 넘어서 내적인 정직인 투명성을 높여감으로써 그래서 숨겨진 은밀한 의도까지 드러냄으로써 昻明할 때에야 人中天地一, 즉 사람이 중심이 되어 천지와 하나가 될 수 있습니다.

　투명성을 높여가서 자신의 생각·말·행동·믿음을 일치시키면, 더 자세히 표현해서 속마음·겉마음·말·행동·믿음을 일치시키게 된다면 사실 완전히 투명해집니다. 투명성이 어떤 경지가 되면 투명인간이 되는데 이것이 사실상 '신이 된다'는 겁니다. 인간이 투명해져서 '인간에게 보이지 않으면서 활동하는' 투명한 신처럼 활동하는 존재가 되는 겁니다.

> 아! 드디어 신이 되는 비법이 드러났군요. 속내·겉내·말·행동·믿음을 일치시켜서 투명성이 높아지면 신이 된다! 그러면 타인에게 보이지 않는 손처럼 남모르는 도움을 주는 투명인간이 된다는 거군요.

죽간노자를 해석한 『노자의 발견』에서 마음과 행동에서 벌어진 사실 그대로 표현하지 않고 에둘러 말하거나 거짓말하거나 실천하지 않거나 체하거나 위장하거나 모르는 척하는 心言行(심언행) 불일치를 위(爲)라고 합니다. 자신의 모습대로 즉, 감정이나 마음을 있는 그대로 말과 행동으로 드러내고, 말과 행동을 일치시키는 것을 '무위'(無爲)라고 합니다. 죽간노자에서 무위는 도(道)가 아니라 사람이 항상 가야 할 길이라고 합니다.

'행위상태'인 '爲'에는 창조, 연출, 거짓, 위장, 허영심, 위증, 사기, 표리부동, 꼼수, 체면치레, 허위, 과시, 흉내, 변장, 탈 쓰기, 속임수, 사이비, 가식, 허세, 비열 등이 있습니다. '존재상태'인 '無爲'에는 정직, 언행일치, 진실, 가시성, 투명성, 실상, 일관성, 사실대로 등이 있습니다.

> 저는 위(爲)의 존재상태이네요. 후아~ 단군신화에서의 사람이 되고

심은 제 목적에 비추어, 사람이 항상 가야 할 길인 무위(無爲)로 있는 그대로의 본심과 감정을 꾸미지 않고 말과 행동으로 드러내어 속과 겉을 일치시키는 도전과제가 있음이 알아집니다. 후아~ 제겐 너무나 어려운 숙제이지만 미루고 미뤄 둔 미뤄냈던 오래된 숙제를 풀어서 무위(無爲)의 존재로 거듭나겠습니다.

다음은 사람이 중심 된다는 '人中'에 관해 알아보겠습니다.
주인공이 수행을 시작하기 전의 세간 상태에서는 天極·地極인 천지신명(天地神明)이 사실상 주도합니다. 人極은 천지가 주인공의 자각을 돕도록 짜놓은 각본이나 연출대로 연기하는 배우일 뿐이고, 이런 진실을 자각하지 못한 주인공도 대체로 三極이라는 환경에 좌우되고 맙니다.

인간이 나름으로 열심히 활동한다고 하나 결국 천지신명의 의도를 벗어나기 어렵습니다. 이것을 '인간이 일을 꾸며대지만, 결과는 하늘에 달려있다'고 하는데, 공명(孔明)이 모사재인 성사재천(謀事在人 成事在天)이라고 했습니다.

반면에 주인공이 수행하기 시작한 출세간 상태에서는 주인공이 사실상 주도합니다. 물론 여전히 주인공이 자각하도록 天極은 각본을 쓰고 地極은 연출하며 人極은 이 시나리오대로 연기하지만, 이를 자각한 주인공은 자신에게 제공되는 本心 本太陽에서 本을 의식해서 받아들이고 실천할 뿐만 아니라 이제 三極이라는 환경에 좌우되지도 않습니다.

천지신명이 다양한 의도로써 本을 제공하지만, 결국 이를 알아차린 사람은 수행을 통해 자신의 존재상태를 바꿔갑니다. 이것을 '하늘이 일을 꾸며대지만, 결과는 인간에 달려있다'고 하는데, 증산(甑山) 상제님은 한마디로 모사재천 성사재인(謀事在天 成事在人)이라고 했습니다.

이 모사재천 성사재인이 바로 '**人中**', 즉 '사람이 중심이 된다'는 의미입니다. 사람이 중심 된다는 것을 다른 말로 인존시대(人尊時代), 민주주의(民主主義), 인본주의(人本主義), '사람 사는 세상'이라고 합니다.

그리고 천지와 하나 된다는 '**天地一**'은 우주와 하나 되는 합일의 경지입니다. 그렇다고 이것이 '사람이 천지와 하나가 된다'는 의미이지 '천지가 사람과 하나가 된다'는 의미가 아닙니다. 즉, 대통령이 국가의 일을 책임진다(대통령이 국가가 된다)는 것이, 대통령이 곧 국가라(국가가 대통령이 된다)는 의미가 아닙니다. '대통령≠국가'이듯이 '사람≠천지'이므로 존재됨됨이가 승화한 사람이 천지와 협업한다는 의미입니다.

그동안 아리송했던 의문이 풀립니다. 우주와 나는 하나다는 세상의 말이 설명하신 것처럼 '사람≠천지'이듯이 나≠우주이므로 우주가 나와 하나 된다는 의미가 아니라 내가 우주와 하나 된다 이군요. 투명해지기로 결단해서 昻明의 존재가 되어 천지와 제대로 소통한다면 천지신명과 합일한다는 뜻이고요.

사람이 성장해서 천지와 (일심동체가 아닌) 동심일체(同心一體)가 됨으로써 천지에 대한 일방적 관계에서 벗어나 상호 의존하고 협력하게 됩니다. 그리고 천지와 같은 결정을 하리라는 것이 예측되므로 천지의 일을 대행할 수 있게 되며, 미리 예비된 동시성(同時性)의 현상이 벌어지곤 합니다.

> 일심동체(一心同體) 동심일체(同心一體)
> 일심동체란 설령 자신에게 다른 의견이 있거나 상대에게 오류가 있어도 한마음으로 통일한다는 의미로 주로 부부가 한편임을 강조할 때 씁니다. 동심일체란 설령 자신에게 다른 의견이 있어도 함께하기 위해 구성원들이 서로 피드백을 통해 오류를 바로잡아 가는 공동체임을 강조할 때 씁니다. '一'에는 서로 분리되지 않고 하나로 연결되어 있다는 의미가, '同'에는 동등하다는 뉘앙스가 있습니다.

이 동시성을 통해서 자신에게 벌어졌던 별개의 사건들이 우연히 벌어지지 않았음을 깨닫고, 그 사건들 사이의 연결고리를 알아보면서 지금 이 순간에 펼쳐지는 어떤 사건도 자신의 존재상태와 별개가 아님을 통찰하게 됩니다. 이런 관계를 알아보는 것이 바로 반야(般若)입니다.

이런 식으로 자신과 관련한 반야를 터득하다 보면 다람쥐 쳇바퀴 돌듯이 특정 패턴 속에 있는 타인들이 보이고 어떤 식으로든 타인의 자각을 도와주려고 시도하게 됩니다. 자신의 삶에서 펼쳐지는 메커니즘을 파악해가듯이 우주의 메커니즘도 파악해갑니다. 그리고 자신이 만들어온 주변의 패턴을 알아보듯이 타인이 펼치는 특정 패턴도 알아보게 됩니다.

만일 앞의 실례에서 주인공이 부인의 바가지나 자녀의 장난을 통해서 자신에게 분노가 있음을 인정하고 받아들인다면 타인의 공격성도 알아봄으로써 내면의 분노를 인정해주고 잘 다루도록 보살펴줄 수 있게 됩니다.

그런데 다수 수행인이 각성(覺醒)을 통해 세상사를 통찰하는 실력을 갖추면 만사가 해결되리라는 기대를 품는데, 이는 마치 CT MRI 촬영을 통해서 정밀하게 진단하면 모든 병을 치료할 수 있으리라고 기대하는 의사와 다르지 않습니다. 진단과 치료의 메커니즘이 다르듯이 각성과 해결의 메커니즘도 다를 뿐만 아니라 대다수 각성했다고 하는 분들도 (중이 자기 머리를 못 깎듯이) 자신의 주변 처사도 어려워하는 실정입니다.

무당이나 명리, 점성, 타로 등 타인의 운명을 보는 분들도 자세히 살펴보면 삶이 꼬이기는 마찬가지입니다. 이는 우주가 리딩하는 분들이 자신의 도움을 받으러 온 내담자와 리딩하는 분의 존재상태를 연결해서 반야를 터득하기를 근본적으로 바라는데도 타인의 운명을 보는 데 급급해함으로써 그러한 우주의 바람에 부응하지 않기 때문입니다.

본디 자신을 알고 이해하는 데 확실히 도움되는 '운명을 읽는 기법'이 비록 상대에게 도움되려는 좋은 의도로 시작하고, 일부 사람에게 변화가 일어나기도 하나, 결국 상대를 조종하는 단기적 도구로 전락하게 됩니다. 결론은 신통력이 사람을 자각하게 하지 못하며, 이 세상은 신통력을 배우는 곳이 아니라 의식을 성장시키는 곳입니다.

> 타인의 생각을 읽는 방식 –앙굿따라니까야(A3:60)
> 붓다께서 타인의 생각을 읽는 방식으로 ①상(nimitta相)을 읽기 ②천신의 목소리로 읽기 ③탐색과 검토를 통한 사유의 확장으로 읽기 ④삼매를 성취해서 자신의 생각으로 타인의 생각을 헤아리기가 있습니다. 이 중 ④번 방식이 가장 뛰어납니다.

시대가 어려운 만큼 불투명하고 불확실한 앞날 때문에 자신의 운명을 알아봄으로써 '모르고 가는 두려움(도전)'보다 '알고 가는 희망'을 꿈꾸는 것으로 보입니다. 역술가나 점성가에게서 운명을 보든, 타로·주역·신을 통해 점을 보든 한결같이 과거는 잘 맞히지만, 미래는 예언이나 점괘대로 되는 경우가 (내담자가 상담내용을 잊어버렸던 경우 빼고는) 거의 없습니다. 이는 성선·성악설이 모두 교육에 취지가 있듯이 운명·숙명도 인과를 터득하라는 취지임을 제대로 이해한다면 당연한 이야기입니다.

인생의 계획이 결정되어 있다는 관점이 숙명의 결정론(決定論)이고, 변화하고 있다는 관점이 운명의 자유의지론(自由意志論)입니다. 이는 내일이나 한 달 후나 일 년 후를 계획하나 그때가 되어서 실제 결정하는 삶의 방식에 비유해볼 수 있습니다. 즉 계획대로 실행하기도 하나 (대다수처럼) 그때그때 상황에 맞춰서 변경하며, 아니면 (포기를 포함해서) 완전히 다른 방식을 택하기도 하듯이 운·숙명도 유사한 방식으로 운영됩니다.

한마디로 거의 바꾸기 어려운 계약인 숙명도, 노력을 통해서 쉽게 바뀌는 계획인 운명도 나름의 방식으로 운영되다가 자신의 운·숙명을 개인의 순수한 노력이 아니라 운명을 보거나 점을 통한 리딩, 즉 커닝하는 순간에 우주의 계획이 변경됩니다. 삶에서 인과를 터득하기보다 인과를 무시하려는 의도가 문제를 일으킵니다. 그래서 운명이나 점을 봐주는 분들이 이 우주의 시스템을 혼란하게 하는 주범이므로 자신의 머리조차 깎지 못하고 (자세히 살펴보면 하나같이) 어렵게 생활합니다.

진단과 치료 메커니즘은 달라서 인체를 자세히 진단해주는 MRI·CT로는 치료할 수 없듯이, 미래를 미리 일러주는 명리나 점으로는 삶을 근본적으로 바꿔주지 못할 뿐만 아니라 우주의 운영도 방해하기 때문입니다. 명리나 점이 자신을 알고 이해하는 데 확실히 도움되지만, 이에 의한 조언이나 치유는 근본 치료가 아니라 약 만능주의적 임시처방입니다.

당면한 현실을 내가 자유의지로 행한 것에 의한 당연한 귀결, 즉 결정된 숙명으로 받아들이되 (미리 계획한 운명 숙명이 아니라) **미리 주어진 자유선택권**으로 나날이 새롭게 선택하는 일일신우일신(日日新又日新)의 '성장에 성공하는 삶이' 효과적이라고 봅니다.

昂明 人中天地一은 대전제인 1문단의 출세간 문장 중 **化三極**(화삼극)을 자세히 설명한다고 했습니다.

먼저 '化'는 昂明, 즉 투명성을 높여감으로써 일어나는 본질적 변화, 다른 말로 내적 존재상태가 바뀌어버리는 승화(昇化)를 말합니다. 투명한 신으로 승화해버린 것이죠. 이렇게 天一地一人一에서 天二地二人二로 승화한 여기의 '三極'은 완벽한 天三地三人三의 三極입니다.

이렇게 완벽한 三極의 모습이 바로 사람이 중심 되어(人中) 천지(天地)와 하나(一)가 된다는 人中天地一입니다. 이것이 소위 천인합일(天人合一), 신인합덕(神人合德), 천지인합일(天地人合一), 도즉아 아즉도(道卽我 我卽道), 그리고 사람이 곧 하늘이 아니라 사람이 수행과정을 거쳐서 마침내(終乃) 하늘이 된다는 인내천(人乃天)입니다. 그래서 사람이 천지 만물과 하나가 되는 합일(oneness)의 경지를 설명해주고 있습니다.

人中天地一에서 人과 天地는 동시에 작동하는 완벽한 三極의 모습인 天二三地二三人二三입니다. 여기서 주목할 점이 있는데, 수행과정에 주인공을 자각하도록 도우려고 상대역을 맡았던 人一三에는 주인공 자신은 포함되지 않으나, 투명해지기로 결단해서 기회를 놓치지 않고 담마를 완수해냄으로써 승화한 주인공은 여기 人二三에는 포함됩니다.

이제 주인공은 맞상대의 배역이 필요가 없어졌을 뿐만 아니라 타인들로 하여금 자각하도록 신과 공조(共助)하는 '협업모드'에 돌입해서 소위 '신의 일'을 시작하기 때문입니다. 물론 이전의 '반야모드'에서는 영혼이 맞상대를 통해서 자각하도록 작동하므로 '영혼의 일'이라고 합니다.

天地와 함께 타인을 자각하도록 협업하려면 천부경에서 제시하는 일련의 과정을 통해서 **天地**와 어떻게 역할을 분담하는지, 언제 개입해야 하는지, 어떻게 인식을 공유해가야 하는지, 어떻게 손발을 맞춰야 하는지 등 다양한 소양을 갖춰야 합니다. 여하튼 신의 일을 하려면 **天地**의 일을 대행하는 실력을 갖춰야 가능하기 때문입니다.

아! 드디어 천부경에 『신나이』에서 말하는 자신을 깨어나게 하는 '영혼의 일'과 다른 사람을 깨어나게 하는 '신의 일'이 등장하네요.

인계(人界)에 내가 포함되지 않는 人一三일 때 타자를 통한 담마로써 나로 하여금 자각하게 하는 것이 영혼의 일입니다.

인계에 내가 포함되는 人二三일 때는, 소명을 완수하여 투명한 존재가 됨으로써 人中天地一로 승화된 나는 이제 천지와 공조하고 협업해서 신의 일을 합니다.

本心 本太陽과 **昴明 人中天地一**을 연결해서 자세히 서술해본다면, 자신의 존재상태를 반영한 담마의 마음인 **本心**이 드러나지 않으면 결국 **本太陽**이라는 특정 외부현상으로 드러난다는 사실을 깨달을 때, 즉 '어! 내 본심은 항상 어떤 식으로든 드러나고 마네. 그러니 어차피 내 속마음을 드러내는 게 낫다'는 점을 깨달을 때에야 자신의 의도를 투명하게 드러내기 시작해서 투명성을 높여갈(昴明) 것이고, 그럼으로써 사람이 중심 되어 천지와 하나(人中天地一) 됩니다.

정리해보면, 내면에 떠오른 **本心**(담마의 마음)을 있는 그대로 드러내지 않으면 외부에 **本太陽**(담마의 현상)이 발생하게 됩니다. 만일 **本心**

을 숨겨도 어차피 담마의 현상으로 드러나고 만다는 사실을 깨닫는다면 本心을 있는 그대로 투명하게 드러낼 것이고, 이 덕택에 本를 인정하고 받아들이며 실천함으로써 결국 천지와 하나 되어 활동하게 될 것입니다.

그리고 이 적중하는 本(담마)이 바로 반야이고 정견(正見)이므로 이 本(담마)을 용기로써 완수해낸다면 존재상태는 완전히 다른 완벽한 차원으로 승화할 것입니다(無匱化三極).

❊ 변화

천부경에는 변화와 관련된 구절이 몇 군데 있습니다. 그 부분을 살펴보면 無匱化三에서 化, 運三四成에서 運, 그다음 萬往萬來에서 往來, 用變에서 變, 끝으로 不動本의 動이 있습니다. 이러한 변화와 관련된 단어들을 종합적으로 잘 설명해주는 내용이 중용 23장의 치곡(致曲)입니다.

其次致曲 曲能有誠 誠則形 形則著 著則明 明則動 動則變
變則化 唯天下至誠爲能化
- 중용(中庸) 23장 기차치곡장(其次致曲章)

치곡(致曲)에서 곡은 '굽을 曲'이며, 치는 '다다르다' '이르다'는 뜻입니다. 그래서 치곡은 말 그대로 '굽은 것에 다다른다.'는 말입니다.

그런데 치곡이 원래 의미대로 제대로 번역되어 있지 않은 것으로 보입니다. 굽은 것이란 곧바른 길이 아니라 돌아가는 길처럼 진실이 감춰져 있어서 곧바로 알 수 없는 것을 말합니다. 그러므로 치곡은 에둘러 있는 줄 모르고 헤매다가 바르게 아는 것을 말하며, 曲은 굽어 있는 비밀을 상징합니다.

　실례로 곡진이해(曲盡理解)라는 말은 굽은 것이 다하여 없어져야 바르게 이해한다는 의미입니다. 또 치곡(致曲)은 앞에서 말했던 '그렇지 않은 줄 알았는데 자신한테 특정 의미가 있음을 알아본다.'는 동학의 불연기연(不然其然)과 비슷합니다.

　치곡(致曲), 즉 굽어 있는 진실에 이르고자 한다면 내가 아직 진실을 모른다는 것, 정확히 표현하면 내가 지금까지 엉터리를 알고 있음을 인정해야 합니다. 그래서 자신이 모를 수 있음을 아는 '무지의 자각'에서 출발해야 합니다. 그러려면 우선 선입견과 통념 등을 내려놓아야 합니다. 특히 자신이 확신하고 있을수록 틀릴 수 있다는 자세로 '판단중지'하는 태도가 필요합니다. 결국, 굽어 있는 진실에 접근하려면 자신이 모르던 진실을 받아들일 수 있도록 마음을 열어 그동안 알아왔던 엉터리 정보를 과감히 버림으로써 자신을 바꿀 수 있어야 합니다.

　본문 처음의 曲能有誠(곡능유성)과 마지막의 唯天下至誠爲能化(유천하지성위능화) 사이는 변화과정을 말하고, 연관이 있는 이 두 구절 모두 誠(성) 能(능)을 강조합니다. 굽은 것에 能하려면 誠이 있어야 하는데, 오직 천하의 誠에 이르러야 변화에 능해진다는 뜻입니다. 즉, 曲에 능해지려면 결국 至誠이어야 한다는 것입니다.

굽어서 감춰져 있는 진실에 접근하려면 하늘이 감동할 정도로 至誠을 다해야 가능하지 주먹구구로는 어렵습니다. 그래서 지성(至誠)이면 감천(感天)이라고 합니다.

이렇게 변화하는 과정은 먼저 태도적으로 바뀐 후 본질적으로 완전히 바뀝니다. 이 변화의 단계는 다음과 같습니다.

誠(성) → 形(형) → 著(저) → 明(명) → 動(동) → 變(변) → 化(화)

굽어 있는 진리에 접근하는 방법은 정성스러우면(誠) 나타나고(形), 나타나면 뚜렷해지고(著), 뚜렷해지면 명확해지고(明), 명확해지면 움직이고(動), 움직이면 외적 변화(變)가 일어나고, 외적 변화가 일어나면 내적으로 변화(化)된다.

성(誠)이란 감춰진 진실을 알기 위해 정성을 다하는 것입니다. 참된 앎을 위한 출발점은 '내가 진실을 모를 수도 있다'는 '무지의 자각'이 도움됩니다. 담마(dhamma)라는 진실을 알기 위해 서원(誓願)을 세우는 단계입니다. 십우도(十牛圖)로 말하면 소를 찾아 떠나는 심우(尋牛)입니다.

성(誠)하면 형(形)한다는 것은 진실을 알기 위해 성실하게 노력하다 보면 자신의 외부나 내면에 '형'(形)이 나타난다는 뜻입니다. 형(形)이란 뭔가 어렴풋이 형체가 잡히는 것입니다. 꿈이나 생각을 통해 내면이나 외부의 상(象)으로 나타납니다. 막막한 상태에서 뭔가 길이 보이고 감이 잡히기 시작합니다. 실마리를 찾고 나면 가야 할 방향이 대충 보이기는 하지만 아직 선입견이 있어서 외부에서 알려줘도 긴가민가 한 불분명한 상태입니다. 십우도(十牛圖)에서 소의 발자국을 발견한 견적(見跡)이 되겠습니다.

그다음 형(形)하면 저(著)한다는 것은 어렴풋한 상(象)이 점차 뚜렷해진다는 뜻입니다. 현저(顯著)해진다는 말이죠. 성심을 다해 궁구해 가면 점차 뚜렷하게 나타나기는 하지만, 아직 이면의 진실을 보지는 못하는 상태입니다. 십우도(十牛圖)에서 소를 발견한 견우(見牛)가 되겠습니다.

그다음 저(著)하면 명(明)한다는 것은 뚜렷해진 상(象)의 의미를 알아보게 된다는 뜻입니다. 명(明)이란 대상이 자신에게 주는 의미가 명확해지는 것입니다. 이제 그동안 보지 못했던 대상의 이면 진실을 알아보게 된 상태입니다. 십우도(十牛圖)에서 소를 붙잡은 득우(得牛)가 되겠습니다.

그다음 명(明)하면 동(動)한다는 것은 진실이 보여서 움직인다는 뜻입니다. 이 움직임은 대상이 자신에게 주는 의미에 따라 자신의 정체성을 정하고, 자신이 어찌할지를 결정한다는 것입니다. 대상에 관련한 진실을 보고서 내린 마음의 결정입니다. 십우도에서 소를 길들인 목우(牧牛)가 되겠습니다.

동(動)하면 변(變)한다는 것은, 결정 후에 일어나는 외적 변화를 통해서 자신이 변화하게 된다는 뜻입니다. 이런 자기 내면의 변화가 외부의 변화를 불러온다는 점을 체험으로 터득합니다. 그래서 외부가 변화하게 하려면 자신의 변(變), 즉 자신의 외적 변화가 필요하다는 진실을 깨닫게 됩니다. 십우도의 소를 길들인 상태인 목우(牧牛)가 되겠습니다.

변(變)하면 화(化)한다는 것은, 자신의 외적 변화(變)를 통해서 내적 변화(化)가 일어난다는 뜻입니다. 화(化)는 본질적인 변화를 뜻합니다. 쉽게 말해 얼음이 물로 바뀌는 것은 변(變)이지만, 줄기가 열매로 바뀌는 것은 화(化)입니다. 전자는 행동의 변화인 태도적 변화이지만, 후자는 존재의 변화인 본질적 변화입니다. 자신의 태도적 변화만으로는 어느 날 한계에 봉착하게 되고 결국 본질적 변화가 도움된다는 점을 깨닫게 됩니다.

나쁜 사람이 착한 사람으로 태도만 바뀌는 것이 아니라 본성까지 바뀌는 것입니다. 번데기가 나비가 되듯이 내 존재상태가 새로운 차원으로 탈바꿈하는 환골탈태(換骨奪胎)를 말합니다. 여기에는 결심(決心)이 아니라 존재상태가 완전히 바뀌겠다는 결단(決斷)이 필요합니다. 물론 존재상태의 변화에 따라 외부상황도 함께 변화가 일어납니다. 이것이 십우도(十牛圖)의 소를 타고 집으로 돌아오는 기우귀가(騎牛歸家)가 되겠습니다.

이처럼 치곡(致曲)은 굽어 있는 진실을 찾아가는 동안 외부현상과의 상호작용을 통해서 결국 자신의 존재상태가 변화해가는 것에 관한 이야기입니다.

이를 크게 구분해보면 정성(誠)스런 자세로 형(形)·저(著)·명(明)의 앎의 과정을 거쳐 동(動)·변(變)의 결단을 통해 화(化)라는 지성(至誠)의 존재가 되는 것으로 볼 수 있습니다.

1문단
一析三極 無盡本
一積十鉅 無匱化三極

一析三極한 탓에 無盡本이 되는 걸 깨달을 때,
일석삼극　　　무진 본
一積十鉅한 덕에 無匱化三極이 된다.
일적십거　　　무궤 화삼극

　각자의 존재됨됨이가 천지에 알려지고 이에 따라 자신을 자각하도록 돕는 인간사가 펼쳐지는데, 이를 깨닫지 않으면 끊임없이 이 외부 현상이 주는 메시지가 지속합니다. 하지만 이를 깨달아 각자의 존재 상태가 수행을 통해서 한 걸음씩 단련되어 완전한 존재로 성장해간다면 기회를 놓치지 않고 소명을 완수해냄으로써 결국 천지와 완벽하게 동조하는 존재로 승화합니다.

　일(一), 즉 각자의 존재됨됨이가 시차를 두고 천1극·지2극·인3극(天1極·地2極·人3極)으로 투사되어(析) 천일·지일·인일(天一·地一·人一)이라는 '반야(般若) 모드'가 되기 때문에, 끊임없이(無盡) 담마(本)가 제공된다.
　하지만 이를 깨달아 일(一), 즉 각자의 존재됨됨이가 완전한 10(十)이라는 단련된 경지로(鉅) 한 단계씩 닦여가는(積) 덕택에, 빈틈없이 완수해냄으로써(無匱) 동시에 작동되는 완벽한 천3극·지3극·인3극(天3極·地3極·人3極)으로 승화되어(化) 천이·지이·인이(天二·地二·人二)라는 '협업(協業) 모드'가 된다.

앞(30쪽)에서 언급했듯이 1문단을 다음처럼 갈라 보면,

一析Ⓐ 三極Ⓑ 無盡Ⓒ 本Ⓓ 一積Ⓔ 十鉅Ⓕ 無匱Ⓖ 化三極Ⓗ

각각의 구절이 '원인⇨결과'라는 Ⓐ⇨Ⓑ Ⓒ⇨Ⓓ Ⓔ⇨Ⓕ Ⓖ⇨Ⓗ 이런 구조가 됩니다.

각자의 존재됨됨이(一)가 투사(析)되므로 삼극(三極)으로 펼쳐지고, 끊임이 없으므로(無盡) 담마(本)가 제공되며, 그러나 이를 깨달아 각자의 존재됨됨이가 닦여가므로(積) 완전한 10(十)이라는 단련된 경지로(鉅) 한 단계씩 성장해가고, 빈틈없이 완수해내므로(無匱) 동시에 작동되는 완벽한 삼극(三極)으로 승화됩니다(化).

⊙ 一析三極 無盡 本

나의 존재됨됨이가 삼극(三極, 天極·地極·人極)으로 투사되기(析) 때문에, 끊임없이(無盡) 담마(本)가 제공된다.

먼저 一析三極을 이해하는 데 도움되는 내용부터 소개하겠습니다.
　　　일석삼극
통행본 노자(老子)에는 다음 구절이 있습니다.

道生一　一生二　二生三　三生萬物
도생일　일생이　이생삼　삼생만물

道가 차례로 1天을, 2地를, 3人을, 만물을 낳는다는 뜻입니다.

소강절의 『황극경세서(皇極經世書)』에는 다음 구절이 나옵니다.

道生天地　天地生萬物
도생천지　천지생만물

풀이해보면 道가 天地를 낳고, 天地가 萬物을 낳는다는 뜻입니다.

그리고 통행본 노자에도 있습니다만, 죽간노자를 기반으로 하는 『노자의 발견』 1장에는 다음 구절과 설명이 있습니다.

人法地　地法天　天法道　道法自然
인법지　지법천　천법도　도법자연

一析三極 無盡本　169

'人은 地를 따르고, 地는 天을 따르며, 天은 道를 따르고, 道는 自然을 따른다'는 의미인데 발생 순서를 말하고 있습니다. 道法自然 다음에 自然은 人을 따른다는 自然法人이 생략되어 있습니다. 그러면 다음의 순환구조를 이룹니다.

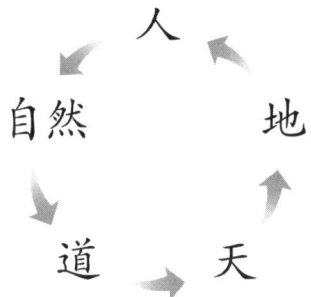

~~人⇨自然⇨道⇨天⇨地⇨人⇨自然⇨道~~ 이런 순환구조입니다. 이것을 다르게 정리해본다면 다음과 같습니다.

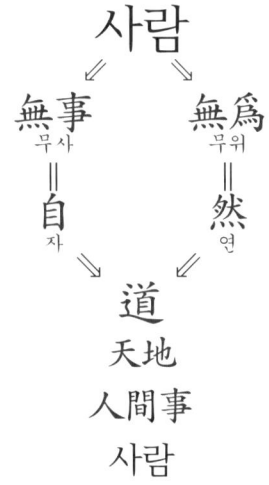

여기서 自然이라는 말은 '스스로 自'와 '그러할 然'이므로 '스스로 그러하다'는 자발적인 정체성을 뜻합니다.

죽간노자에는 크게 무사(無事)·무위(無爲)·불욕(不欲)이라는 중요한 핵심 단어가 있는데, 그중에 無事는 '해야 할 일이 없다' '자발적이다'는 의미로 自然의 '自'에 해당하고, '無爲'는 인위적이고 꾸며냄이 없이 자신의 존재상태를 있는 그대로 드러낸다는 의미에서 '然'에 해당합니다.

그래서 나의 自然이 정해지면, 즉 자신이 스스로 누구인지 정하면 이에 따라 道가 따르고, 그 道에 따라 天이 형성되며, 그 天에 따라 地가 형성되고, 그 地에 따라 人이 형성된다는 말입니다. 여기서 人이란 인간사(人間事)는 자신에게 영향을 주는 타자나 사건을 말합니다.

앞에서 언급했듯이 '一', 즉 자신의 존재됨됨이는 자신이 스스로 정한 정체성과 관련한 자기 내면의 실제 모습을 말하는데, 이것이 바로 自然입니다. 그러므로 노자 본문에서 생략된 自然法人에는 사람이 인간사를 통해서 스스로(사실상 자발적으로) 결정한 정체성이라는 의미가 들어있습니다.

천부경에는 이와 비슷한 구조로 一析三極(일석삼극)이 있습니다. 앞에서 설명했듯이 一, 즉 각자의 존재됨됨이가 三極으로 투사된다는 의미인데 三極인 天極·地極·人極이 한꺼번에 나오지 않고 차례대로 형성됩니다. 天1⇨地2⇨人3 이런 순서입니다.

이제 통행본노자, 황극경세서, 죽간노자 그리고 천부경을 비교해보겠습니다. 비슷하나 조금씩 차이가 있습니다. (天極·地極·人極 설명은 23쪽을 참고하세요.)

　통행본노자는 道, 황극경세서는 道, 죽간노자는 自然, 천부경은 一로 시작합니다. 앞에서 죽간노자의 自然과 천부경의 一은 똑같은 의미라고 했습니다. 그런데 죽간노자에서는 自然 다음에 道가 있고 天地가 뒤를 잇는데, 이는 통행본노자와 황극경세서도 같은 구조입니다.

통행본노자		道 ⇨	天1 ⇨	地2 ⇨	人3 ⇨	萬物
황극경세서		道 ⇨	天 ⇨	地 ⇨		萬物
죽간노자	自然 ⇨	道 ⇨	天 ⇨	地 ⇨		人
천부경	一 ⇨	析 ⇨	天極 ⇨	地極 ⇨		人極

　천부경에서 죽간노자로 넘어갈 때는 같은 구조이지만, 죽간노자를 본뜬 통행본노자나 황극경세서는 죽간노자의 自然이라는 개념을 깨닫지 못했으므로 道에서 시작하는 오류에 빠져서 우주론으로 전도된 겁니다. 그러므로 죽간노자의 道法自然(도법자연)의 참뜻을 알지 못한 이후의 사상체계는 엉터리입니다. 그렇다고 해서 잘못 꿰어진 첫 단추 이후에 장자를 비롯한 사상가들이 펼쳤던 논리들마저 엉터리라는 것은 아닙니다.

　그래서 우주의 비밀을 엿봄으로써 문제를 한 방에 해결하고 싶은 욕망 때문에 자신을 성찰하지 못하게 됨으로써 의존을 부추기는 종교문화가 싹트기 시작했습니다. 一析三極을 통해 자신을 성찰하는 수행론이 아닌 道生天地라는 우주론으로 변질함으로써 관념적 이론이 난무하고 말았습니다.

아~ 내면을 성찰해서 자신만의 담마를 구하기보다 외부를 커닝해서 우주의 진리를 한방에 얻어내려 하다 보니 죽간노자 이후에는 자기 정체성인 自然이 사라지고 샛길로 빠진 비리가 드러나는 순간이군요.

통행본노자나 황극경세서는 무대장치로 비교되는 地極에서 만물을 장만한다는 점을 깨닫지 못했으며, 특히 통행본노자는 道에 관해서 오해했으므로 현학적 道可道非常道 같은 불명확한 구절을 끼워 넣어 모호하게 만든 것이죠. 또 황극경세서와는 달리 人3과 萬物의 관계도 혼선을 빚었네요.

비록 천부경만큼 명확하지 못하나 1,170자인 죽간노자 甲본은 대부분 3단논법으로 되어 있고 문장 구조도 대구·대응·대비 관계로 잘 짜여 있습니다. 하지만 기존 대다수 죽간노자에 관한 주석에 불과한 내용이 통행본노자의 본문으로 되어버렸습니다. 그것도 2번이나 주먹구구로 첨가되다 보니 노자의 원뜻이 대다수 훼손되고 말았습니다. 그래서 장자(莊子)조차 죽간노자를 접하지 못하고 변질한 백서(帛書)노자를 참고하고 인용했으므로 제대로 노자를 이해했다고 할 수 없습니다.

그런데 주목할 부분은 죽간노자에는 道에 앞서 自然이 있다는 점입니다. 죽간노자의 自然➪道➪天➪地➪人이라는 구조와 천부경

一析三極 無盡本　173

의 一析三極 구조인 一⇨析⇨天極⇨地極⇨人極를 비교해본다면 상당한 공통점이 보입니다.

天과 天極, 地와 地極, 人과 人極은 같은 자리에 비슷한 글자이므로 같은 뜻입니다. 그러면 죽간노자와 천부경의 '自然'과 '一' 그리고 '道'와 '析'도 같은 의미로 쓰였음을 유추해낼 수 있습니다.『노자의 발견』을 쓸 때 필자는 노자보다 먼저 이렇듯 정확한 메커니즘을 제시한 천부경을 미처 몰랐습니다.

앞에서 설명했듯이 自然은 스스로(자발적으로) 결정한 정체성이라는 말이고, 一은 자신의 존재됨됨이인 내·외적 존재상태를 말하는데, 둘 다 같은 뜻입니다.

그런데 自然에 무사(無事)와 무위(無爲)라는 양면성이 있음을 노자가 통찰했고, 정체성에 아함(ahaṁ)과 아라마나(ārammaṇa)라는 양면성이 있음을 붓다가 통찰했듯이 一에도 '자기 선택'과 '존재상태'라는 양면성이 있습니다.

자발적으로 선택한다는 무사(無事) 그리고 '나'라는 정체성을 정한다는 아함(ahaṁ)은 같은 맥락이고, 심언행(心言行)을 일치해서 꾸며내지 않는다는 무위(無爲) 그리고 결과적으로 있는 그대로 외부에 모습을 드러내게 하는 내적 존재상태인 아라마나(ārammaṇa)도 같은 맥락입니다.

오른발 왼발로 번갈아 걷는 걸음걸이처럼 작동되는 '자기 선택'과 '존재상태'라는 양면성은, 자신이 의식해서 외적으로 원할지라도 존재상태가 바뀌지도 않고, 외적으로 바라지 않을지라도 존재상태가 바뀌기도 합니다. 즉 존재상태란 것이 자신의 기대대로 되지도 않지만, 그렇다고 희망조차 품지 말라는 것도 아닙니다.

자신이 돈을 원한다고 해서 풍요로운 존재상태가 된다는 법이 없듯이, 자신이 돈을 원하지 않는다고 해서 풍요의 존재상태가 되지 말라는 법이 없다는 것입니다. '돈'과 '풍요'에 관련해서 제대로 파악해서 특정 과정을 밟아가기 전에는 의식해서 자신의 존재상태를 바꾸기가 쉽지 않습니다.

그래서 붓다가 정견(正見)을 얻을 때처럼 노자도 무사(無事) 무위(無爲)라는 自然을 통해서 외부 정보를 참고하되 의존하지 말고 주도적으로 의사를 결정함으로써 '무사(無事)'를 달성하고, 언제나 내면에서 담마(本)가 제공되고 있으므로 본심(本心)을 감추지 말고 있는 그대로 드러냄으로써 '무위(無爲)'를 달성하라는 취지의 당부를 하고 싶었던 것입니다.

인생이 전환될 계기를 마련하려면 三極이라는 현실을 펼쳐내는 근원인 一, 즉 존재됨됨이(beingness)를 바꿔야 합니다. 그런데 자신의 내적 존재상태인 존재됨됨이를 바꾸려고 한다면 노자(老子)의 놀라운 통찰인 무사(無事)와 무위(無爲)를 통해 自然을 바꾸는 것이 매우 효과적입니다.

『붓다의 발견』을 쓸 당시에는 죽간노자가 주로 지도자를 위한 글이라고 생각했는데, 지금에서야 보니(不然其然) 그곳에는 팔성도에 관련한 설명들이 들어있음을 알았습니다. 팔성도가 바른 견해·사유·언어·행위·생활·정진·사띠·삼매를 통해서 현실을 극복해가는 법을 제시하듯이 죽간노자도 무사(無事)·무위(無爲)·불욕(不欲)의 실천을 통해서 自然이라는 존재상태가 저절로 바뀜으로써 자연스럽게 현실이 바뀌게 합니다.

특히 의무감으로 해야 할 일은 없다는 무사(無事)는 억지로 일했던 자가 자신에게 선택할 자유가 없었다는 핑계로 자기 책임을 회피하거나 외부를 탓하지 못하게 하는 데 효과가 있습니다.『노자의 발견』 9장 과이비간(果而弜伀)에서 "리더는 원인을 놓은 대로 귀결을 겪게 하지 절대 짓밟지 않고, 군림해 교만해하지 않으며, 핍박하지도 않는데 이는 '귀결을 겪게 해서 크게 강직하게 한다.'는 뜻이다"고 합니다. 즉, 자발적으로 선택해야 책임을 외부에 전가하지 않고 자각할 수 있기 때문입니다.

죽간노자는 무위(無爲)가 도(道)의 길이 아니라 인항무위(㐹恒亡爲) 즉, '인간의 길'이라고 합니다. 나중에 道로 바뀌어서 '도항무위(道恒無爲)'로 잘못 알려진 '人+行'으로 된 '㐹'이라는 글자는 맹자가 인간의 길이라고 한 義와 비슷합니다. 義는 (타인이 아니라) 자신의 악함을 미워해서 자신을 옳게 하는 마음인데, 義라는 글자를 '美+我'로 본 茶山 선생님은 '자신(我)을 사랑(美)'하는 마음이라고 통찰했습니다. 그러면 '타인을 사랑'하는 것이 仁이지만, '자신을 사랑'하는 것은 義인 셈입니다.

'자신을 사랑'한다는 무위(無爲)는 단기적 안목으로 심언행(心言行)을 일치시키지 않으면 장기적으로 뜻대로 되지 않는 현실에 직면해야 하는 결과가 초래되므로(本心 本太陽) 의식해서 꾸며내거나 거짓말하지 않는다는 것입니다. 뇌물을 받으면 단기적으로는 이익이 될지 모르나 장기적으로는 결국 손해를 초래한다는 역사를 체험해봤으므로 뇌물을 주더라도 자신을 사랑해서 뇌물을 받지 않는 것이 바로 '義'인 셈입니다.

  이런 식으로 언제나 누구든 자신의 존재됨됨이를 바꿀 기회를 맞이하고, 무사(無事) 무위(無爲)를 실천함으로써 자신의 존재상태인 '一'을 바꿔갈 수 있는 것입니다. 이런 과정에 자신이 주변 삶을 펼쳐내는 행태를 알아보기 시작해서 결국 자신이 바뀌는 것(用變)이 효과적임을 깨닫고서 지금 자신에게 주어진 담마에서 벗어나지 않고(不動本) 담마를 완수합니다.

  천부경에서 언급하듯이 오직 자신이 현실을 펼쳐낸다는 사실을 자각하고, 언제나 자신에게 제공되는 本(담마)의 제안에 따라서 수행해 나감으로써 외적 변신이 아닌 내면의 본질적 변화가 일어나고, 각자의 존재상태가 바뀌어서 무의식적 지향성에 변화가 일어나야만 一과 自然이 바뀝니다. 이렇게 되려면 선택하는 과정을 통해 체득된 결단이 중요합니다.

  존재됨됨이인 自然이 바뀌려면 그냥 결정하는 정도로는 어림없음을 깨닫고 단호히 결단할 정도로 각오해야만 본질에서 변화할 기회가 우연을 가장해서 미묘하게 펼쳐져도 그것을 놓치지 않게 될 것입니다.

  그럼에도 어제와 오늘이 같지도 않고 다르지도 않듯이 오늘의 선택이 내일을 좌우하기도 하고 좌우하지 않는 것처럼 보이기도 합니다. 즉 삶은 자신의 기대대로 되지 않고, 本(담마)에 의한 析의 작용으로 펼쳐지는 오묘한 맥락 관계가 있다는 진실을 이론이 아닌 몸으로 체득해야 합니다.

천부경의 '析'과 죽간노자의 '道'가 같은 의미로 쓰였다는 것은 둘 다 '一'과 '天極' 그리고 '自然'과 '天' 사이를 매개해주는 공통적인 역할을 하기 때문입니다. 析이 노자가 말하는 道 자체는 아닐지라도 道의 기능을 담당합니다.

　앞에서 언급했듯이 천부경에서 道에 해당하는 단어는 바로 담마인 '本'입니다. 그러면 析은 本에 따라서 기능하는 역할입니다. 이를테면 주인공이 아직 분노를 마스터하지 못한 상태라면, 그래서 주인공에게 제공된 '상사의 막말에서 너 자신의 분노를 보라!'는 本을 무시한다면, 이런 本에 합당한 太陽이라는 외부현상인 三極이 펼쳐지는데, 이 메커니즘이 바로 '析'입니다.

　一析三極과 一妙衍 萬往萬來를 비교해보면 三極이 萬往萬來에 해당하므로 결국 析과 妙衍의 기능이 같습니다. 즉, 析에는 '묘하게 펼쳐낸다'는 의미가 들어있다는 것입니다. (이런 점에서 천부경은 곳곳에 힌트가 숨겨져 있습니다.) 주인공이 평상심으로는 눈치채기 어려울 정도의 묘한 방식을 동원해서 펼쳐집니다. 本心은 미묘하게 本太陽은 오묘하게 펼쳐집니다. 그러므로 주변에서 반복해서 벌어지는 별거 없어 보이는 소소한 일상에 진리가 들어 있습니다.

　오늘 낮에 지인이 기르는 강아지 동영상을 보는데 강아지를 부르며 동영상을 찍는 지인의 화난 듯 단호한 목소리에 엄격함이 느껴졌어요. 평소 친절한 목소리와 달리 그녀답지 않다고 여기곤 지나쳤죠. 그런데 저는 오전부터 식구에게 겉으로는 친절한 척했지만 속으로는 싫어서 단호하고 엄격한 마음상태였거든요. 무위(無爲)의 존재가 되기로 결단했음에도 겉으로 아닌 척하나 속으로 불편하게 지내다가 저녁에 동영상 속 그녀의 목소리가 제 본심인 게 떠올라 깜짝 놀랐죠. 일상생활 중 그냥 별 대수롭지 않게 쓰윽 강아지 동영상에서 제 내면이 펼쳐질 줄이야 상상도 할 수 없던 일이었어요. 아주 오묘했죠.

一析三極과 一積十鉅는 대구이므로 함께 알아보겠습니다.

析은 자신의 존재상태가 여러 사람에게 몰래 모습을 나누어서 투사됨으로써 자신이 나누어지는 느낌입니다. 이는 자신의 모습을 대변해대는 이상한 사람들이 나타나기 때문입니다. 심지어 너무 똑같아서 원수처럼 보입니다.

積은 각자가 자신의 존재상태를 여러 사람과 솔직히 나누어서 닮아감으로써 자신이 쌓여나가는 느낌입니다. 이는 자신의 모습을 대변해주는 다양한 사람들이 나타나는 덕택입니다. 심지어 아주 똑같아서 천사처럼 보입니다.

재물을 쌓아두면 (잔머리를 굴리다 보니) 인격이 분열되기 쉽지만, 재물을 나눠주면 (선심을 내다가 보니) 인격이 쌓여가기 쉽습니다. 이처럼 재물을 쌓아두면 자신의 존재상태는 나누어지지만, 재물을 나눠주면 자신의 존재상태는 쌓여갑니다. 나눠주고 싶지 않은 욕심과는 달리 인격은 분열되기 손쉽고, 반면에 나눠주고 싶어 하는 적선과는 달리 인격은 고양되기 쉽습니다.

'析'의 기능이 주로 자신의 감춰진 모습을 외부 세상에 투사하므로 세상은 자신의 거울이라고 합니다. 그래서 '析'이라는 단어를 연상하려면 '분석할 析'에서는 '자신을 분석해서 보여주는 외부 세상'을, '나눌 '析'에서는 '자신을 여러 모습으로 분리(분열)한 외부 세상'을 떠올리면 도움됩니다. 그리고 '積'이라는 단어를 연상하려면 '쌓을 積'에서는 덕(德)이나 인격, 수행(修行)을 쌓아가는 모습을 떠올리면 도움됩니다.

析	積
현실을 유지해가는 메커니즘	현실을 극복해가는 메커니즘
존재상태를 나누고 확대해서 본다.	인격을 닦고 활용해서 쌓아간다.
투사를 통해 묘하게 펼쳐낸다.	수행을 통해 자신이 변화한다.
한 꺼풀씩 벗겨내서 드러낸다.	한 단계씩 닦아가서 성장한다.
현실이 반복될 때 작동하는 本(담마)이 작동하는 메커니즘	마음이 닦여갈 때 작동하는 수행이 작동하는 메커니즘
자신의 존재상태가 타인에게 나눠지는 당혹감	자신의 존재상태가 하나하나 쌓여가는 뿌듯함

用變에서 자신이 바뀌는 것과 외부현상이 바뀌는 것 간의 상관관계를 터득한다고 할 때 바로 이 상관관계가 析이고, 상관관계를 알아보고 수행을 쌓아가는 것이 積입니다. 왜 외부현상이 벌어지는지를 알아보려면 학식이 많다거나 무식하다는 생각에 좌우되지 않고 지금 벌어진 사건에 관련해서 자신이 과거에 놓은 원인이나 미래에 벌어질 요인을 기억해내면 됩니다.

一析은 자기 정체성이 분열되어 나누어진다는 것이고, 一積은 통합되어 쌓여간다는 것입니다. 각자의 정체성이 마음·말·행동으로 나누어진다면 (자기 정체성을 깨닫게 해주는) 三極의 현상으로 펼쳐지지만,

각자의 정체성이 하나로 통합되어 쌓여간다면 완전한 十의 상태로 변화해갑니다.

　23쪽에서 언급했듯이 一析三極은 一이라는 나의 존재상태에 따라 나로 하여금 자각하도록 도울 天極이 펼쳐지면서 천신(天神)들이 시나리오를 기획하고, 그다음 地極이 펼쳐지면서 지신(地神)들이 만물(萬物)을 포함한 지리적 환경을 연출하며, 人極이 펼쳐지면서 인신(人神)들이 연기하기 시작한다는 뜻입니다. 여기서 人極에 '나'는 포함되지 않습니다.

　　人(인)에 '나'는 포함되지 않는다고요? 저는 사람(人)이니 당연히 '나'도 포함된다고 여기고 있는데요. 왜죠?

'세상은 나의 거울이다'는 말은 내 주변 사람과 사물이 나를 비춰주는 거울의 역할을 한다는 뜻인데, 이렇게 주변에서 나에게 영향을 끼치는 사람과 사물을 타자라고 합니다. 앞에서 언급되는 人이 바로 타자입니다.
　그런데 주변에 사람들이 펼쳐지기 전에 먼저 天極이 펼쳐지고, 그다음 地極이 펼쳐진다는 것은 죽간노자에서 사람이 自然을 결정하면 道가 따르고 道를 天이 따르고, 地가 따르며, 그다음 人이 따른다고 하는 것과 같습니다.
　그러므로 앞에서 설명했듯이 無盡本 바로 다음에 오는 '天一一地一二人一三'은 一析三極의 '三極'을 구체적으로 나타낸 天極·地極·

人極의 모습이며, 그중에 '天一地二人三'은 三極이 天1極·地2極·人3極의 순서로 생성된다고 설명하므로 두 단어는 동떨어진 내용이 아닙니다.

그런데 한편으로 天一一地一二人一三에는 天一地一人一, 즉 '一'이 반복해서 붙어 있습니다. 이것은 세간과 출세간의 구조에서 언급한 대로 天二地二人二와 대구며, 아직 상승하지 못한 '반야모드'를 말합니다.

一析三極은 '一', 즉 나의 존재됨됨이가 天1極에 의한 地2極 人3極의 현실로 펼쳐지는데, 이 三極이 드러나는 현실이 바로 붓다 사상으로 말하면 일체(一切)가 됩니다. 일체유심조(一切唯心造)라고 들어보셨을 텐데, 붓다께서 일체를 다음과 같이 말씀합니다.

> 수행인들이여, 일체(一切, sabba)란 바로 눈과 형상, 귀과 소리, 코와 냄새, 혀와 맛, 몸과 감촉, 마음(mano)과 담마(dhamma)를 말한다. 이것을 떠나 다른 일체를 제시한다면 그것은 다만 말일 뿐 물어봐야 모르고 의혹만 더 할 것이다. 왜냐면 그것은 대상(visaya)이 아니기 때문이다.
> ― 쌍윳따니까야(S35:23)

이처럼 이 세상 모든 것이나 만사(萬事)를 일체(一切)라고 한 것이 아니라 (마음을 포함한) 감각 기관을 통해 자신과 연관된 것만을 일체라고 합니다.

따라서 일체유심조란 세상 모든 것을 마음으로 만든다는 뜻이 아니라, 실제로는 '각자의 존재상태가 (자신과 관련된) 외부상황을 만든다'는 말입니다. 그러므로 一析三極의 三極은, 유심조(唯心造)한 일체(오로지 각자가 마음으로 만들어낸 일체)라고 할 때의 '일체(一切)'와 같은 말입니다.

그러므로 一析三極의 三極, 즉 天1極 地2極 人3極도 앞에서 다루었듯이 하늘·땅·만물·사람들 전체가 아니라 나와 관련된 하늘의 중심, 땅의 중심, 인간계의 중심입니다.

대다수 불자(佛子)가 붓다가 말씀하신 '일체(一切)'를 우주 전체로 오해하듯이, 대다수 사람도 천부경의 '一'을 우주의 법칙이라고 생각하고 三極을 天地人 전체 우주라고 생각하는데 이런 오해가 풀렸으면 합니다.

네, 저도 주요 개념 '一'에 대해 설명할 때 정정되었지만, 다시 정리해 보죠.

■ '세상천지가 다 나의 창조다.'는 오류는 → '내 세상인 현실은 다 내 존재상태에 따르는 창조다.'로

■ '一이 우주의 법칙 또는 하느님이다.'는 오류는 → "一은 '나', 내가 정한 나, 나의 존재상태, 내 됨됨이이다."로

■ '天地人三極은 天地人 전체다.'는 오류는 → '天地人三極은 나와 관련된 천지인 3계다.'로

■ '일체(一切)는 세상만사나 우주 전체다.'는 오류는 → '일체란 감각 기관을 통해서 나와 연관된 것만이다.'로 바로잡았음을 고합니다!

無盡은 '없을 無', '다할 盡'이니까 다함이 없다는 말입니다. 다함이 없다는 것은 끊임없이 계속된다는 겁니다. 소위 말해 '뺑뺑이를 돈다'는 거지요.

어떤 사람을 보면 똑같은 삶을 다람쥐 쳇바퀴 돌듯이 계속 반복하는 모습이 있어요. 밖에서 보면 명확하게 보이는데, 그 속에 들어있는 사람은 자기 모습을 모르거든요. 맹점(盲點)이라고 해서 자기 눈에는 보이지 않거든요.

재혼하려는 사람이 전 배우자와 같은 인간은 지긋지긋해서 다시는 만나지 않겠다며 전혀 달라 보이는 사람을 고르지만, 재혼해보면 멀지 않아서 전 배우자와 너무도 똑같다는 것을 깨닫고 당혹해하게 됩니다.

이처럼 유사한 상황이 반복되는 것이 바로 '無盡'입니다.

그런데 왜 이처럼 반복될까요?

원인은 바로 앞에 있습니다. 一析三極 때문입니다.

一析三極의 '析'에는 '나무(木)를 도끼(斤)로 자른다'는 뜻이 있습니다. 그러면 一析三極은 자신에게서 三極을 분리하는 것, 즉 외부에 벌어진 현상이 자기 책임이 아니라고 부정하고 분리하는 것이 됩니다.

붓다의 원음이 기록된 니까야(Nikāya)에 의하면 외부에 특정 현상이 벌어졌을 때, 그것을 내 존재상태와 연결하면 반야(paññā 般若)라고 하고, 어떤 현상이 벌어지든 그것을 내 존재상태와 연결하지 않으면 식

(viññāṇa識)이라고 하는데, 이 식(識)이 대상을 나와 분리하는 析에 해당합니다.

사실 윤회란 우리가 인간세에 계속해서 태어나는 건데, 이 반야를 터득하지 못하면 끊임없이 윤회하게 된다는 거예요. 그것도 괜찮은 상황으로 윤회하는 게 아니라 점점 악화하는 상황으로 윤회하게 된다고 하거든요. 이처럼 無盡의 뜻도 윤회의 방식과 일맥상통하는 겁니다.

이렇게 반야를 터득할 때까지 계속해서 윤회하게 되듯이, 여기서도 외부현상이, 즉 내 앞에 나타나는 현실이 내 존재상태에 의해서 나를 깨닫게 해주기 위해 주어진 상황이라는 것을 알아보고 이것을 통해 터득하지 못하면 특정 현상이 계속 반복된다는 말입니다.

> 그러니까 삶이 반복되는 것은 내 존재상태에 따라 내 현실이 펼쳐졌으니 나를 깨닫게 해주기 위한 상황임을 알아보라는 뜻인데, 이 상황을 통해 터득하지 못하니 유사한 상황이 계속 반복된다는 것이군요. 음!

내 존재상태가 '一'에서 '二'로 한 단계 업그레이드되지 못하고 단지 조금 변형된 一'가 되고, 이와 같은 과정이 다람쥐 쳇바퀴 돌듯이 계속 반복되는 겁니다.

태어나기 전에 이번 생에서 터득하겠다고 기획한 삶(인생공부, 이데아)이 있는데 그것을 완성하지 못하면 졸업을 못하고, 깨달을 때까지 계속 반복되는 것을 바로 無盡이라고 합니다.

무진장(無盡藏) 반복한다 할 때의 無盡이군요.

내 존재 상태에 의해 天地人 3極이 펼쳐준 내 현실인 외부현상에서 계속 나와 상관없다고 가르면 계속, 즉 무진장 반복한다. 그것도 점점 더 악화하는 현상으로라고요. 음! 어렵지만 제 실례를 들어보겠습니다.

저에게 무진 반복되는 현상이 있어요. 그것도 최근에 집중적으로 제 현실에서 벌어지는 사실로요. 결론부터 먼저 말하자면 '나는 거지다!' 입니다.

두 달 전 아파트 분리수거 장소에서 옷을 주워 입고 음식을 주워 먹는 공공근로 하는 할머니를 만나 자식들 이야기며 박스를 주워 모은 돈 4,000만 원 넘게 있다는 등 이야기를 들었죠. 저는 집으로 돌아오는 길에 그 할머니를 흉보면서 집도, 모아놓은 돈도 있으며 때마다 노인 수당에다 공공근로 부업 등으로 돈이 들어오는 데도 아까워서 안 쓰고 그깟 몇 푼 아낀다고 거지처럼 주워 먹다니 쯧쯧 안쓰럽다는 생각에 혀를 찼어요.

어~ 그런데 우연은 없다는데 그 할머니가 왜 나타났을까? 고민했지만 잘 몰랐어요. 그리곤 며칠 후 그 할머니의 모습이 저의 그림자라는 피드백을 듣고부터 실마리가 풀리기 시작했어요. 아~ 내게 보이는 할머니의 모습은 거지다. 그럼 그 거지 모습이 내 모습이라는 건데, 에이 내가 무슨 거지야! 말도 안 돼. 바로 무시했죠.

그런데… 그러고 보니 요즘 내 앞에 돈과 음식에 관련한 거지들이 자주 나타났던 일들이 떠오르더군요. 지인이 영암에서 서울 가는 길에 들러서 얼굴 보고 간다지만 아침 8시에 온다기에 아침밥 얻어먹으러

오는 것임을 알겠더군요. 이가 아픈 언니가 통화하면서 돈이 없어서 치료를 못 하고 있으니 돈도 주고 밥도 달라고 외쳐댔고요, 동네에서 일주일새 세 번이나 보았기에 현미떡을 드리려 했던 거지 할아버지에다가, 급기야 쓰레기통에서 주워 먹고 사는 할머니까지 다양한 모습의 거지가 최근에 집중적으로 내 현실로 다가온 사실을 기억해냈어요.

그런데 그때마다 저는 닥친 현실을 처리하느라 바빴죠. 만날 때마다 우리가 밥 샀는데 드디어 집으로 아침밥까지 얻어먹으러 오는 밥거지야 밥거지라고 투덜대며 새벽밥 했고, 노골적으로 돈 밥 달라는 거지 언니 땜에 속상해서 씩씩대며 감정 추스르느라 힘들었고, 돈 있으면서도 주워 먹는 할머니에게 쯧쯧 안타까워하며 거지라고 욕했고요... 제 앞에 반복되어 나타나는 거지 현실을 나의 존재상태와 연관 짓지 않고, 타자들만 탓하면서 말이죠. 이제는 더는 하기 싫은 반복된 치다꺼리에 울화통이 치솟고 돌아버릴 지경이어서 닥치는 대로 물어뜯고 싶었어요.

천부경을 통해 내 삶의 반복은 내가 원인이고 내 존재 됨됨이가 펼친다고 이해되어 대입해 보니, 一이라는 내 존재상태인 '나는 거지이다'가 3極(天極·地極·人極)이라는 다양한 거지들을 내 삶에 펼쳐내는데(析), 내 모습을 비춰주는 人3極이라는 거지들만 탓했더니 무진(無盡)장 반복해서 나타난다는 사실이 됩니다.

이렇게 반복되고 만왕만래하는 거지들로 펼쳐지는 내 현실 삶이 너무 괴롭고 비참해 이젠 제발 멈추고 싶어서 거지가 내 모습임을 드디어 인정하기 시작했죠.

아~ 그런데 과거로 거슬러 올라가니 내가 거지라는 증거들이 마구

쏟아지는데 정말 기가 막혔어요. 무청 주워 시래기 말린다고 동네 밭들을 노다지 기웃거려서 주웠고, 참깨가 비싸니 안 사고는 거지처럼 누가 주겠지 하며 바랐으며, 된장 간장 돈 안 주고 거저 얻어먹으려고 아부하며 친한 척했고, 고추장 엿기름으로만 담은 거 친정 엄마가 줬다는 지인에게 나도 좀 달라고 했으며, 친환경 농사짓는 지인이 우거지 나오면 준다고 해 놓고 안 줬다고 뒷담화 했으며, 농사짓는 친구가 보내주리라고 기대했으며, 주렁주렁 열린 대추가 탐스러워 주인에게 갖은 찬사를 보냈으나 떨어진 대추도 줍지 못했으며….

아~ 부끄럽지만 나의 거지 됨됨이의 증거들은 무궁무진해서 쥐구멍을 찾아야 했고, 입이 열 개라도 할 말을 잃고서 나 사람 맞나? 싶어 솟아오르는 거지 증거들을 틀어막아야 했어요. 그러는 그 와중에도 마주치지 않고 싶었던 장면이 비집고 떠올랐어요.

후아~ 제가 7~8세 때 김장철에 통배추를 살 형편이 아니었던 할머니가 저를 데리고 시장에 푸른 배추겉잎을 쓰레기로 쌓아 놓은 더미로 가서 배추 우거지를 주우셨어요. 창피해서 저는 할머니가 다 줍고 나면 들고만 가야지 멀찌감치 떨어져 있었죠. 그런데 멀리서 봐도 내게는 한눈에 꼭대기에 말짱한 배춧잎이 다 보이는데 할머니는 아래서 지저분한 잎만 줍는 거예요.

아는 아줌마도 보이고 친구들이 볼 수도 있기에 주변 눈치만 보다가 좋은 것이 많은 꼭대기는 가지 않는 할머니가 하도 답답해서 에잇 창피한 것 팽개치고는 힘껏 달려 배춧잎 더미 위로 기어 올라갔어요. 말짱한 푸른 잎을 마구마구 주워 할머니 옆에 갖다 쌓으며 할머니 가만 계시라고 내가 다 가져오겠다며 배춧잎 더미를 오르내렸죠. 그리곤 배추 우거지를 한가득 가슴에 안은 저와 지팡이를 짚은 할머니는 신 나게 걸어서 집으로 돌아오던 기억이…. 아 가슴이 아프고 눈물이 납니다. 저는 어릴 적에도 주워 먹었군요….

그런데 가난해서 거지처럼 주워 먹고 산 걸 저는 무척 창피해했지요. 그리고 지금까지 가난하지 않은 척 있어 보이려 꾸며댔고, 부자인 척하며 속여왔군요. 이렇듯 나의 가난한 상태를 창피해하니 빛 좋은 개살구로 결국엔 거지로까지 악화해있네요. 돈이 있더라도 안 쓰며 갖은 수단으로 공짜로 거저먹으려 눈이 벌게진 진짜 속 빈 거지 말이에요. 이런 모습을 어찌해서든 자각하게 도와주시려고 신은 거지 모습을 제 현실에 만왕만래로 무진장 반복해서 펼쳐주신 거고요.

오 이런 세상에…. 그 어린 나날부터 이 나이가 되도록 그 많은 날에 수만 번을 이럴 수가! 어떻게 이럴 수가! 저는 그 오랫동안 너무 창피해 숨기며 수도 없이 아닌 척 외면하고 수만 번 배신하였는데 신이시여, 이 무한한 사랑은 어찌 된 것인가요. 아 아아아아!

진정성 있는 가슴속 사연 잘 들었습니다. 누구에게나 이처럼 심각한 숙제들이 몇 개 있기 마련입니다. 삶에 전기가 마련된 것으로 보여 저서 기쁘네요.

사실 저도 거의 각설이로 살았네요. 거지 생활이 '기대'에서 졸업하는 데 장애로 작용하기도 했으나 매사에 감사할 수 있도록 해주었답니다. 예수님과 붓다께서도 사실상 떠돌아다니고 탁발하는 인간말종의 생활을 했죠. 먹는 것에 관련해서 자신의 의지가 아니라 신에게 내맡김으로써 신을 알아보고 신의 도움을 받는 데 유리한 면이 많습니다.

　이렇듯 거지 같은 생활이 나쁘다는 판단이 문제일 뿐이지 타인보다 아래(under)에 섬(stand)으로써 타인을 이해하는(under-stand) 데는 탁월한 효과가 있습니다. 타인의 심리를 알기 위해 돈을 주고도 배운다고 하는데, 거지 생활은 저절로 의식이 깨어있게 해줍니다. 그런 환경 덕택에 흰빛님도 눈치 100단이 될 수 있었다고 봅니다. 그래서 예수님은 자발적으로 거지가 되라는 의도로 하늘 나는 새를 보고 들판의 백합화를 보라고 했다고 봅니다.

　이제 아주 중요하나 이해하기 어려워하는 '本'이 나왔네요. 사람들은 대부분 '一'을 어떤 대우주의 법칙이나 道로 생각해왔는데, 알고 보면 바로 이 '本'이 道이고, 붓다가 설하신 담마(dhamma 法)입니다.
　앞에서 언급했듯이 제가 붓다의 원음인 니까야를 번역해서 재구성한 『붓다의 발견』을 보면 붓다께서는 담마를 두 가지 의미로 말씀합니다. 하나는 각자에게 제시되는 현상인 메신저, 또 하나는 그 현상에서 주어진 메시지를 말합니다. 나한테 제시되는 현상 그리고 그 현상을 통해 나한테 주어지는 천명(天命)이나 소명(召命)이 되겠습니다. 그래서 담마인 '本'이 대응되는 구절 '本心 本太陽'에서 '本心'이 내면 메시지를 의미하고, '本太陽'이 외부 메신저를 의미한다고 했습니다.

　本이 중요하다고 한 이유가 나왔군요. 천부경에서 本은 도(道), 담마(法 dhamma), 즉 나의 천명(天命) 또는 거부할 수 없는 숙제라는 거군요.

하늘의 명령인 천명(天命)이라고 하니 듣는 순간 엄숙해집니다.

그래서 먼저 도(道)나 천명(天命)에 대한 우리의 기존 관념을 바로 잡는 게 도움됩니다. 죽간노자에서는 도(道)를 '천하모(天下母)의 별칭'이며, '이름 없는 무명의 마부요 무녀(巫女)'라고 했습니다. 이것은 '하늘은 스스로 돕는 자를 돕는다.'라는 말 그대로 도(道)가 '앞에서 말을 끌어주는 마부'나 '길을 일러주는 무녀'처럼 도우미 역할을 한다는 뜻입니다. 그리고 천명(天命)도 하늘의 일방적 명령이 아니라 각자에게 주어지는 귀담아들어야 할 조언이라고 보는 게 적절합니다.

죽간노자에서는 천하모(天下母)의 별칭이며, '이름 없는 마부요 무녀'인 도(道)가 사람들로 하여금 실력 있는 존재가 되도록 이바지하는 도우미 역할을 하듯이, 천명(天命)도 하늘의 일방적 명령이 아니라 각자에게 잘되도록 주어지는 조언이다! 우와~ 엄숙해진 제 태도가 싹 사라지며, 도(道)에 천명(天命)에 귀 기울일 태세에 돌입했습니다.

本은 글자 형태로 보면 뿌리 모양입니다. 우리가 나무를 땅 위에서 보면 뿌리는 보이지 않듯이 '本'은 삶에 보이지 않게 작동하는 숙명입니다. 숙명(宿命)의 숙이 '잘 宿'이거든요. 잠잘 때 활동하듯이 무의식에서 작동되는 숙명은 의식해서 바꾸려고 해도 쉽사리 바뀌지 않습니다. 그리고 근저에서 작동하므로 『신나이』는 '뒷받침(Sponsoring) 생각'이라고 합니다.

그래서 내가 의식적으로 하지 않으려고 해도 지속해서 나한테 주어지는 천명, 그런데다가 행위로는 해결되지 않는 것을 바로 '本'이라고 합니다.

또 뿌리가 물과 양분을 흡수하여 나무를 튼튼하게 자라게 하듯이, '本'도 각자가 자각해서 성장하도록 도우려고 다양한 방식으로 담마를 제공합니다. 각자에게 적합한 이 맞춤식 담마는, 양심이 있다면 누구든지 알아볼 수 있는 형태로 제공됩니다. 각자가 견뎌낼 수 있는 고난을 주듯이 어느 정도 노력하면 풀 수 있는 형태로 언제나 누구에게나 담마가 주어집니다.

그래서 해답 또한 각자에게 있습니다. 외부에 정답이 있는 게 아니라는 겁니다. 누구에게나 적용되는 보편적 정답이 없으므로 오히려 보편적 답을 추구하는 것에서 온갖 문제가 발생합니다. 각자마다 답이 다르다는 거죠. 해답을 찾으려면 외부로 가지 말고 내면 목소리에 귀 기울이고 자신을 성찰해야 합니다. 이것은 각자가 스스로 터득해야 할 부분입니다.

물론 여기에는 자신에게 도움되는 本(담마)이 언제나 제공되고 있다는 믿음이 전제되어야 합니다. 여기서 믿음이란 것은 신에 대한 신앙이 아니라 자신에게 우연히 벌어지는 현상은 없으며, 三極을 통해서 제공되는 本(담마)이 자신을 도와서 성장하고 잘되게 해주리라는 신뢰를 말합니다.

그래서 無盡本은 끊임없이 제공되는 담마(천명)가 됩니다. 즉, 하늘의 명이라는 건데, 왜 천명이 끊임없이 반복될까요? 상황이 제시되는데도 자각하지 않으니 하늘이 계속 나한테 다양한 방식으로 끊임없이 기회를 제공하는 겁니다.

사기꾼을 통해서 제공하기도 하고, 가까운 친구의 입을 통해서 제공하기도 하며, 어느 날 연속극이나 라디오에서 흘러나오는 말을 통해서 일깨워주기도 합니다.

뿌리가 나무를 튼튼히 하려고 영양을 찾아가듯이, 本도 자각을 도우려고 다양한 방법을 찾아내서 각자에게 제공한다니 놀랍습니다. 그러니 각자에게 적합한 이 맞춤식 담마의 목소리에 귀 기울이고, 비록 외부 상황이 우연하게 벌어지는 듯이 보일지라도 자신에게 제시된 외부현상과 그 현상이 주는 메시지(本)가 자신을 잘되게 돕는다고 신뢰하라는 거군요.

정리해보면, 一析三極 無盡本은 '一', 즉 나의 존재 상태가 三極인 天1極 地2極 人3極으로 시차를 두면서 펼쳐지고, 각자에게 제공된 현상과 메시지라는 本(담마)이 그 펼쳐진 현실의 배후에서 끊임없이 반복된다는 뜻입니다.

한마디로 각자가 창조한 외부 현실에서 교훈을 알아보고 극복해내지 못하면 비슷한 상황이 반복된다는 겁니다. 특정 상황이 영원히 반복한다는 이런 측면을 니체는 앞서 얘기했듯이 영겁회귀(永劫回歸)라고 했습니다. 삶이 각자에게 제공하는 교훈을 깨닫지 못하면 같은 상황이 영원히 반복되고 되돌아온다는 말입니다. 이는 "지금 상황이 반복되어도 괜찮은가?"라는 질문을 던지고 있습니다. 이것을 다른 말로 '극복되지 않은 역사는 반복될 뿐만 아니라 다양한 상황으로 점점 악화 된다'고 합니다.

이를테면 감기 몸살을 제때 약으로 치료하지 않으면 주사가 동원되고 입원이 필요해지며 심하면 수술까지 갈지도 모르듯이, 제공되는 담마에서 교훈을 얻지 않으면 상황이 점점 악화하고 반복되리라는 것은 명확합니다. 이것이 바로 호미로 막을 수 있는 것을 가래로 막게 되는 경우입니다.

물론 자신이 창조한 외부 현실에 만족한다면 특별한 활동을 하지 않아도 됩니다. 그러나 외부 상황이 마음에 들지 않는다면 자기 내면을 반영해주는 외부의 人3極이 아니라 자신의 존재 상태를 질적으로 바꿔야 합니다. 아니면 혼란이 더욱더 가중되고 말 겁니다.

이를테면 가정에서 남편 부인 자녀 나아가 직장 상사, 모임의 장, 시장, 국회의원 그리고 대통령이 마음에 들지 않는다면 이런 외부 대상이 아니라 자신의 현재 상태를 점검해 보라는 겁니다. 수행인이라면 촛불을 켜서 외부의 악마를 쫓아낼 것이 아니라 자기 내면의 악마, 즉 어두운 그림자를 먼저 성찰해야 한다는 겁니다.

⊙ 一積十鉅 無匱 化三極

 나의 존재됨됨이가 완전한 십(十)이라는 단련된 경지로(鉅) 한 단계씩 닦여가는(積) 덕택에, 빈틈없이 완수해냄으로써(無匱) 완벽한 삼극(三極)으로 승화된다(化).

 積은 앞에서 설명했으며, 鉅는 클 거, 강할 거, 강철 거이므로 쇠를 열처리해서 점차 강한 강철로 담금질해가는 것처럼, 수행을 쌓아 계단을 하나씩 하나씩 오르듯이 단련해가는 것을 상징합니다.
 131쪽에서 설명했듯이 無匱는 빈틈없이 기회를 놓치지 않고 붙들어서 담마(本)를 완수해낸다는 의미입니다. 無匱와 대구를 이루는 無盡本은 담마(本)를 무시함으로써 기회를 놓쳐버린다는 말이지만, 대응하는 구절인 不動本은 담마를 존중함으로써 기회를 붙든다는 말입니다.

 一積十鉅 無匱 化三極은 대부분 앞에서 관련 구절을 언급할 때 설명했습니다. 이는 자신이 현실을 펼쳐낸다는 사실을 자각하고 나서 수행하기 시작할 때 나타나는 메커니즘입니다. 계단을 올라가듯이 완전한 十의 상태를 향해 한 단계씩 상승하는 것을 진화·성장이라고 합니다.
 세간의 오로(誤路)로 가더라도 삶이 한방에 악화하기 어렵듯이 출세간의 정로(正路)로 가더라도 삶이 한방에 호전되기 어렵습니다. 삶이 결과보다 과정을 통해서 성장할 기회를 제공하는 데 목적이 있기 때문입니다.

계단을 올라가듯이 한 단계씩 성장해가는(積) 것은, 내적 존재상태에 따라 펼쳐지는 외부현상이 각각의 단계마다 들어있는 12 연기(緣起)에서 마지막 노사(老死)부터 역관(逆觀)으로 단계를 밟아서 생(生), 유(有)를 거쳐 위(爲), 무명(無明)까지 극복해서 환멸해가는 과정과 유사합니다.

그러나 앞에서 언급했듯이 무조건 열 계단을 거쳐야 하는 것이 아니라 어떤 사람은 일곱 계단만 올라가도 되므로 사람마다 올라갈 계단들이 다릅니다. 각자마다 이번 생에서 마스터하고자 한 목표에 따라 달라지기 때문입니다.

이처럼 수행을 통해 완전한 十鉅로 성장해간다는 점은 심우도(尋牛圖)의 ①심우(尋牛) ②견적(見跡) ③견우(見牛) ④득우(得牛) ⑤목우(牧牛) ⑥기우귀가(騎牛歸家) ⑦망우존인(忘牛存人) ⑧인우구망(人牛俱忘) ⑨반본환원(返本還源) ⑩입전수수(入廛垂手)라는 10단계를 연상시킵니다.

마지막 입전수수(入廛垂手)가 바로 완전히 투명해짐으로써 신과 함께 타인들을 일깨울 자격이 되는 완벽한 三極(天二三地二三人二三)의 협업모드와 통합니다.

죽간노자도 道(담마)의 메시지를 귀담아듣는 성인(聖人)은 솔선해서 무사(無事) 무위(亡爲) 호청(好靑, 투명해지기를 좋아하기) 욕불욕(谷不谷, 욕심내지 않기를 욕망하기)이 됨으로써 백성이 잘되게 한다고 하는데, 이것도 일종의 협업모드입니다.

깨달음이란 새롭고 놀라운 시선으로 세상을 바라보는 것만이 아니라 실제 그 개념을 체험으로 구현해내는 것입니다. 계단에 관해서 파악하기만 하지 말고 실제로 걸어 올라가야 한다는 겁니다. 책을 통해서 진리를 공부하는 실천이 아니라 실천하는 진리가 되도록 (우주가 대부분 기회를 제공하므로) 실제로 적용하려는 용기를 내야 합니다. 이론이나 관념이 아니라 실천할 때에야 신의 선물인 담마를 알아볼 수 있습니다.

이를테면 얼마 전 필자가 있는 곳을 방문한 甲이라는 분이 집으로 돌아갈 때 마침 비가 오시는데 고장 난 자동차 와이퍼 때문에 앞이 잘 보이지 않아서 아주 서행으로 운전해갔다고 합니다. 실상 本太陽의 七八九가 벌어졌으나 甲은 이를 깨닫지 못하고 우연으로 넘기고 말았습니다.

그러나 여기에 숨겨진 진실인 담마(本)가 있는데, 평소 신사인 甲은 특정 순간에 폭력적으로 돌변해서 앞이 보이지 않는 (자신도 이해되지 않는) 현상을 겪어왔음에도 자신은 아주 정상이라고 생각하지만, 이 날의 와이퍼 고장이 바로 甲 자신이 고장 상태임을 일깨워주려고 했던 것입니다.

즉, 太陽처럼 강력한 '와이퍼 고장'에서 '심리적 고장' 그리고 '전방에 대한 시야 장애'에서 '앞에 대한 분별력 장애'라는 本을 알아보고 인정하지 않는다면 또 다른 本(담마)이 無盡할 것입니다. 우연을 가장해서 벌어진 고장과 장애가 바로 甲 자신의 것임을 알아보는 것이 반야입니다. 그리고 힘들게 했던 그 고장과 장애가 바로 자신이 그토록 바라던 깨달음을 위해 신이 제공한 맞춤식 선물이자 놀라운 기적이었습니다.

오른쪽으로 핸들을 돌리면 평균 99번은 오른쪽으로 가지만 1번은 왼쪽으로 가는 자동차는 명백히 고장이듯이 평소 아무리 친절로 가장해서 잘한다 해도 특수한 상황에서 폭력이 드러나는 甲도 명백히 '고장'이며, 영성으로 사기행각을 벌이는 특별한 사람의 실체를 알아보지 못하는 '장애'인 셈입니다.

비록 영성이론이 상당 수준에 이르고 상당 시간 명상하는 甲일지라도 언제나 제공되고 있는 담마를 알아보고 실천하지 않는다면 이론을 모르거나 명상하지 않는 사람과 다르지 않습니다.

그렇다고 실천을 위해 출가해서 출세간의 생활을 해야 하는 것은 아닙니다. 그럼에도 재가의 삶이란 갇혀 있고 때가 낀 길이므로 재가에 살면서는 팔성도를 실천하기가 쉽지 않으므로 출가한다고 합니다. 그래서 생존이라는 현실에 적응하는 세간(世間 loka)의 삶이 있고, 수행을 쌓아 삼계(三界)에 적응하는 출세간(出世間 lokuttara)의 길이 있습니다.

해탈·열반을 목적지로 삼고 수행을 업으로 삼고, 세상 속에 있으면서도 세상에 속하지도 않는 화이부동(和而不同)의 상태가 되며, 탐진치를 알아보고 중단하려고 전력을 기울이고 있다면 출세간의 삶입니다. 그러나 몸은 출가했으나 상(相 nimitta)에 좌우되어 고루(痼漏 āsava 번뇌)에 영향을 받거나 주도적으로 '사유하지 않는' 사람은 출세간의 삶이 아닙니다.

그러므로 확실히 출가(出家)가 수행에 도움되기는 하나 세속에 살면서도 몇몇 요건을 갖추면 출세간의 삶입니다. 붓다께서도 브라만이란 것이 신분이 아니라 행동과 실력이 좌우한다고 했듯이 출세간이라는 것도 외형적 신분에 좌우되지 않으며, 내적 마음가짐인 동기에 달려있습니다.

이를테면 시저의 것은 시저에게 신의 것은 신에게로 돌리고, 세상 사람들이 경쟁하더라도 나는 양보하며, 세상 사람들이 법으로 해결하려고 할지라도 나는 귀결이 올 때까지 나 자신을 점검할 기회로 활용한다면 출세간의 삶입니다. 세상 사람들이 접대하면서 영업한다고 하더라도 나는 편법을 쓰지 않습니다.

그리고 출세간의 생활을 한다고 해서 곧바로 이번 생의 목적을 달성하는 것도 아닙니다. 쇠를 강철로 만들기 위해 담금질해봐도 한방에 되지 않고 일련의 과정이 필요하듯이, 완전한 10의 경지로 단련해 가는 수행도 한 계단씩 차근차근 밟아가는 일련의 과정이 필요합니다.

그러려면 자신이 행하는 지금의 방식이 옳지 않을 수 있다는 점을 염두에 두면서 항상 의심하고 점검해가는 정진(선의지)이 필요합니다. 그러므로 자신이 지금 옳은 방식으로 수행하고 있다고 믿고 있는 자체가, 제대로 된 자신만의 방식을 찾을 수 없게 하는 닫힌 태도이기 때문에 문제입니다.

이론적으로 본다면 특정 단체나 스승이 제시하는 (옳은?) 방식대로 진행될 듯싶으나 실제로 수행해서 나아가보면 그대로 진행하지 않습니다. 우주는 각자 자신에게 적합한 자신만의 '길 없는 길'을 체득하기를 바라기 때문입니다.

　물론 초기에는 비슷하게 진행하는 듯이 보이기도 합니다만, 얼마 지나지 않아 자신만의 길이 있다는 진실을 알아채게 됩니다. 여기서 만일 용기가 있으면 빠르게 벗어나나, 만일 인간관계나 정(情)에 엮이면 이런저런 구실을 대고 안주하게 됩니다. 애초의 의도와 달리 사실상 수행보다 관계가 목적이 되고 맙니다.

　실제 수행을 진행할 때 자신의 로드맵 대로가 아닌 자신에게 제시된 적합한 방식을 무시해버림으로써 기회를 놓칠 뿐만 아니라 오히려 스승이나 집단의 방식대로 제대로 따르지 못하는 자신을 책하기도 합니다.

　　저도 외부에서 답을 차용했죠. 외부 방식으로 잘하려고 무척 애쓰는데도 내 뜻대로 안 되어 너무 괴롭기에 할 수 없이 숙고해보았습니다. 내 방식대로 하면 과연 잘 될까 염려한 계산에서 모험하지 않았던 몸사림이 있었고요. 나 스스로 깊이 사유해서 따져보며 분별하는 것이 힘드니 눈치로 인지도가 높은 대세를 따르는 것이 맞으리라는 깜냥에 후다닥 몸으로 때웠더라고요. 또 결과가 잘못되면 책임지지 않으려는 심보도 있더군요. 나 자신을 신뢰하고 도전하며 용기를 내는 힘든 길보다, 금방 해결될 듯이 혹하는 쉬운 외부 것을 덥석 받아들여 행동했더군요.

　　그리하고는 결과가 만족스러우면 저 잘난 맛에 자만하지만, 결과가 만족스럽지 못하면 외부 탓이라고 원망하면서도 계속 외부에 의존해서 기생해야 하니 하라는 대로 못했다고 자책하더군요. 결국, 저는 이렇게 되풀이하느라 진이 빠져버린 상태가 되어있지요.

외부 것을 내 답이라고 우기면서도 나는 잘하고 있다고 확신한다면, 나에게 적합한 방식이 제시되어도 기회를 놓쳐버린다는 말씀에 가슴이 아프네요.

누구에게나 적용되는 정답이 있다면 아마 그 답을 찾아온 사람들이 눈에 불을 켜고 달려들 겁니다. 정답을 알아내려고 커닝뿐만 아니라 권력, 금력을 동원할 것이고 심지어 생명을 위협하는 범죄도 불사할 것입니다.

하지만 스스로 답을 풀어낼 수 있는 해답을 보여주는 우주는 각자가 일정 수준에 이르러야만 스무고개처럼 다음 방법을 일러줍니다. 앞에서도 강조했듯이 각자에게 적합한 맞춤식 담마를 제공해야 결국 외부에서 답을 찾지 않게 되고, 게다가 미리 알려주면 대체로 지금의 과정을 제대로 겪어내서 충분히 다지지도 않고서 월반하려 하기 때문입니다.

맛지마니까야(M53)에 "'달걀을 바르게 품고 온기를 주어 부화시키면, 그 암탉이 '병아리들이 발톱이나 부리로 껍질을 깨서 안전하게 나오길!'이라고 바라지 않더라도 병아리가 안전하게 껍질을 깨고 나올 수 있듯이 불자(佛子)도 계(戒)를 지키며, 감각기능의 문을 수호하고, 적당한 식사량을 알며, 항상 깨어있고, 바른 성품(믿음·양심·수치심·배움·정진·사띠·반야)을 갖추며, 4선정을 뜻대로 얻는다면, 학인으로서 불자는 껍질을 깨고 나오고 바르게 깨달으며 속박에서 위 없는 평심에 도달할 수 있습니다."고 합니다. 즉, 한도가 차면 저절로 다음 차원으로 나아간다는 겁니다.

세상에서는 요령을 피워서 눈속임으로 승진이나 월반할 수 있으나 완벽한 우주는 어림없습니다. 이는 지혜로운 자식으로 키우려는 부모처럼 거꾸로 신의 입장이 되어서 생각해보면 간단히 알 수 있습니다. 이런 점에서 대체로 마음이 약해지곤 하는 부모의 방식을 우주에는 기대하기 어렵습니다.

　세간의 현상이 기대대로 되지 않는 것, 즉 세상이 자신의 마음대로 되지 않는 것은 자신의 마음이 아니라 존재상태가 외부현상을 펼쳐낸다는 진실을 터득해야 하기 때문입니다.

　소위 깨달음이란 것은 특정 사건을 계기로 전후(前後)가 완전히 달라지는 패러다임전환이므로 내면에서 본질적으로 바뀌지 않고 겉으로 아무리 바뀐 척 위장한다 해도 절대로 완벽한 우주에는 통하지 않습니다.

　웬만한 프로기사가 아무리 몇 수를 내다보고서 바둑을 둔다고 해도 알파고에는 계산이 통하지 않듯이, 아무리 앞날을 계산해서(잔머리를 굴려서) 처신한다고 해도 완벽한 신에게는 편법과 요령이 통하지 않습니다.

　그러므로 알파고와 바둑을 둔다면 요령을 피우기보다 그때그때 상황에 따른 최선의 수를 두는 것이 중요하듯이, 이 우주에서 산다면 계산하기보다 그때그때 상황에 따른 최선의 선택을 하는 것이 중요합니다.

　자기 자신하고 경쟁하면서 어제보다 오늘 더 나아지려고 하기보다 상대적으로 남보다 더 나아지려고 하는 것은 도움되지 않습니다. 그래도 無盡本하고 있는 사람들에 비교해서는 월반인 셈입니다. 비록 세상에서는 편법과 탈법이 통하는 듯이 보일지라도 완벽하게 작동하는 우주에는 통하지 않으므로 토끼보다 거북이의 마음 자세가 중요합니다.

시험이 점수를 높이기 위한 목적이 아니라 배움의 과정을 제대로 습득했는지를 피드백하는 기회가 되어야 하듯이, 수행에서도 관문통과 자체가 목적이 아니라 그 과정에서 배양된 실력이 중요합니다.

에구~ 저도 실전에서 어쩌다 하나 맞아서 성공했다 싶으면 수행을 통해 하나하나 쌓겠다던 결심도 잊고 금세 날아갈 듯이 월반을 꿈꾸면서 들뜨더라고요. 여하튼 이런 심보도 꿰뚫고 계시니 쑥스럽네요.

그러므로 앞으로 자신에게 수행과정이 어떤 식으로 펼쳐질지를 안다고 여긴다면 거의 엉터리라고 확신해야 합니다. 매사 미리 준비하는 007 방식보다 그때그때 맞춰가는 맥가이버 방식인 열린 태도를 체득해야 합니다.

이를테면 팔성도(八聖道)는 개인의 수행법이 아니라 수행의 큰 흐름을 일러주고 있을 뿐입니다. 맛지마니까야(M149)에 '안眼{~심心}에서 ~~ 감정受을 있는 그대로 알아볼 때, 이것들에 애착하지 않게 된다. 이처럼 있는 그대로 알아보면 그에게 정견(正見)이고, 사유하면 그에게 정사유(正思惟)이며, 정진하면 그에게 정정진(正精進)이고, 사띠하면 그에게 정념(正念)이며, 삼매에 들면 그에게 정정(正定)이다. 그리고 이전에 이미 그는 정어(正語) 정업(正業) 정명(正命)이 되어 있다.'고 합니다. 이는 현상에 대한 자신만의 견해·사유·정진·사띠·삼매를 중시하라는 말입니다.

　이는 삶에서 특정 현상이 벌어졌을 때 세상의 견해에 따르지 말아야, 즉 외부의 단체나 스승에 의존하지 않고 오직 자신과 관련된 의미인 반야를 체득해야 정견임을 알려줍니다. 그래서 세상을 있는 그대로yathābhūta 본다는 것은, 현상을 한쪽으로 치우쳐서 왜곡해서 집착해서 보지 않고, 외부의 권위에 의존해서 따르지 않으며, 열린 자세로 현상이 자신에게 어떤 의미인지 분명히 적중해서 알아본다는 반야입니다.

　칸트의 정언명제가 그렇듯이 팔성도(八聖道)도 형식구조, 즉 수학의 공식처럼 기능하므로 팔성도라는 공식을 이용해서 각자가 해답을 풀어야 합니다. 그것도 모두에게 적용되는 정답이 아니라 자신에게만 적용되는 답일 뿐입니다. 만일 팔성도 자체에서 정답을 구한다면 공식을 풀이에 대입하지 않으면서 수학 공식 자체가 답이라고 주장하는 것과 같습니다.

　수학에서 공식이 유도(誘導)되는 원리를 이해하고 자신에게 적용하는 것이 중요하듯이 수행에서도 수행법이 실행되는 원리를 이해하고 자신에게 적용하는 것이 중요합니다. 현실에 적용되지 못하는 공식은 도움되지 않습니다. 지행합일(知行合一)은 '아는 것은 반드시 행해지므로 알면서도 행하지 않는 것은 아직 진실한 앎이 아니다'는 말입니다.

　사실 현실에서 실행하지 않는 것은 자신이 아직 모르기 때문입니다. 남모르는 나만의 진실이 그러하듯이 남모르는 세상의 진리도 스스로 실천할 때에야 체득됩니다. 칸트도 영혼·신이 오감으로 감지되지 않으므로 이론이 아니라 실천을 위해 이성을 쓸 때에야 작동된다고 합니다. 두려울지라도 용기를 내서 전혀 가보지 않은 '길 없는 길'을 걸어가야 진리가 체득됩니다.

신이 신성을 높은 산, 깊은 골짜기, 바닷속 등에 감춰두려고 했으나 인간이 어찌해서든 찾으리라고 여겨서 각자의 내면에 감춰두었다는 이야기를 들어보았을 겁니다. 그런데 내면에 있는 그 신성(神性)은 각자 자신에게만 해당하는 해답이므로 타인에게 적용할 수 있는 답이 아닙니다.

이 내면의 신성은 각자가 이론으로 접근해서는 절대 알아보지 못하고 용기를 내서 실천해갈 때에야 봉인된 꾀주머니가 하나씩 열리듯이 펼쳐서 보여준다는 것입니다.

대각(大覺)을 통해서 한방에 신분 상승함으로써 만사를 해결하려 한다면 명상을 시작하기 전에 세간에 대한 욕심과 원망을 버려야 하며, 외부의 대상에 대한 욕락(欲樂)에서 벗어나고, 세간의 엉터리 명제인 불선한 담마에서 벗어나야 합니다. 이러한 선정과 염처수행의 전제조건이 충족되지 않으면 바른 삼매가 아니라 그른 삼매일 뿐입니다. 그래서 '삼매는 나쁜 사람이 들 수 없다.'고 합니다. 선정이 아니면 모두 그른 삼매일 뿐입니다.

명상을 통해서 답이 아니라 자신의 실제 모습을 알아볼 기회를 제공할 뿐입니다. 우리가 일상에서 상(相 nimitta)을 매개해서 인식하듯이 삼매에서도 (대다수 엉뚱한 것처럼 보이는) 삼매의 상을 제공해서 각자가 해석하게 합니다.

그러므로 우주가 제공하는 그 상(相 nimitta)을 제대로 알아보고 자신에게 적용하지 못하면 기회를 놓쳐버리게 되는 셈입니다. 대다수 특별한 체험을 통해 한방에 의식상승이 되기를 기대하지만, 평소 사띠(sati) 수행을 통해서 상(相)을 알아보는 훈련을 쌓지 않으면 우주가 아무리 대각(大覺)할 수 있는 계기를 제공해도 바라는 상이 아니라며 무시해버릴 것입니다.

그래서 자신에게 분노가 내재해 있다면 명상한다고 없어지는 것이 아니라 자신의 분노를 인정하고 선언하며 드러낼 때야 사라질 수 있습니다.

만일 자신이 어디로 가야 하는지 모르는 길을 잃은 상태라면 내비게이션에서 힌트를 얻을 수 있습니다. 대다수 일상에서 활용하는 내비게이션은 켜지면 먼저 자신의 현재 위치를 찾는데, 이에 실패하면 목적지를 알아도 쓸모없습니다. 현재 위치를 찾는 데 성공하면 각자 목적지를 입력하고 그러면 그곳으로 갈 수 있도록 실시간 정보를 반영해 길을 안내하기 시작합니다.

이처럼 목적지를 알아도 자신의 현재 위치를 모르면 내비게이션이 무용지물이 되고 말듯이, 목적지를 알아도 자신의 현재 입지, 즉 '자신이 누구인지'를 모르면 수행법이 쓸모없어지고 맙니다. 자기 정체성이 명확하지 않으면 우주 시스템의 도움을 받을 수 없는데, 이는 깨달은 자나 큰 부자가 되겠다는 욕망의 목적지가 없기 때문이 아닙니다. 그러므로 삶에서 길을 잃은 느낌이 드는 것은 현재 자신의 감정·욕망·동기 등을 모르거나 마음이 솔직하지 않거나 아니면 그런 마음을 외면하기 때문입니다.

내비게이션이 작동되어도 미리 입력된 프로그램의 길 안내보다 실시간 정보가 반영된 길 안내가 훨씬 효과적이듯이 수행의 로드맵에서도 미리 정해진 지도보다 실시간 정보가 반영된 담마가 훨씬 효과적입니다. 이처럼 과거에는 지도를 보고서 전체 그림을 파악하고 출발하는 것이 효과적이었으나 지금은 실시간 정보를 받기 위한 통신이 중요합니다.

실수하면 안 된다는 강박증에 유비무환으로 미리미리 준비하는 저는 잘한다고 여기고 있답니다. 그런데 나는 철저히 준비했다는 완고함으로 그때그때 나에게 도착하는 알맞은 메시지를 무시하며 닫아버렸네요. 유비무환도 세상 견해를 잘 따랐을 뿐이고요. 아… 실시간 현재의 나를 알도록 돕는 신의 메시지에 열려있지 못해서 여러 가지로 힘들게 사는 저를 보니 참으로 안타깝습니다!

그리고 목적지가 명확하지 않거나 두 곳이라면 내비게이션이 제대로 안내하지 않듯이, 삶에서도 목적지를 명확히 해야 하고 신과 재물이라는 두 곳을 목적으로 삼지 말아야 원활히 담마를 안내받을 수 있습니다.

❀ 이데아와 상기설

플라톤의 이데아에 대해서는 다양한 학설이 존재하는데, 플라톤이 남긴 글 어디에도 이데아에 대한 체계적인 설명이 없기 때문입니다.

그는 문자로 쓰인 진리는 입으로 말해진 진리보다 열등하다며 글의 허약성을 언급했습니다.

그래서 그는 말로 설명하기 어려운 경우에는 전승된 신화를 활용하거나 스스로 창작한 신화를 통해 우회적으로 표현하였습니다. 그래서 이데아는 신화를 통해서 바라볼 때에야 제대로 이해할 수 있다고 여겨집니다.

플라톤의 대화편 『파이돈』에 따르면 이 세상에 태어나기 전에 영혼은 이데아를 볼 기회를 가진다고 합니다. 그리고 대화편 『국가』의 에르(Er) 신화에는 다음과 같은 내용이 나옵니다.

영혼은 저 세상에서 각자 자신이 살아갈 삶의 표본을 선택하게 되며 또한 각자의 다이몬(daimon 수호신)도 선택합니다. 그리고 영혼들은 다이몬의 인도로 숨 막힐 듯한 무더위를 뚫고 망각의 평야에 도착하자 날이 저물어 '망각(lethe 레테)의 강' 옆에 야영하는데, 갈증이 나서 그 물을 마시게 됩니다. 일단 물을 마시면 과거를 잊어버리게 되며, 수행을 쌓지 않은 영혼일수록 많이 마셔 더욱 이데아를 잊게 됩니다. 그 후 영혼들은 저마다 뿔뿔이 재탄생을 위해 유성처럼 위로 이동해 갑니다.

플라톤이 대화편에 나오는 신화를 어느 정도 진담으로 여겼는지는 『파이돈』을 통해 알 수 있습니다.

"물론 이 일들을 내가 말한 그대로라고 우기는 것은 분별 있는 사람에게는 어울리지 않는 일이겠지. 하지만 영혼은 죽지 않는다는 것이 밝혀진 만큼, 우리의 영혼과 그 거처가 실제로 그와 같거나 비슷하리라고 믿는 것은 적절하고도 가치 있는 모험이라고 나는 생각하네."

위의 내용에 의하면 이데아는 우리가 이 세상에 태어나기 전에 이미 알고 있었던 것입니다. (여기서 말하는 이데아는 각자 자신만의 이데아이지 타인의 이데아나 보편적 이데아가 아닙니다.) 그런데 우리는 망각의 물을 마시고 기억상실증에 걸려 자신이 선택한 삶의 표본, 즉 자신이 실제로 누구인지, 그리고 이 세상에 무엇을 하러 왔는지를 망각한 것입니다.

영혼은 삶을 통해 성장하고자 이 세상에 옵니다. 윤회를 통한 영혼의 성장이라는 관점에서 바라볼 때 이데아란 자신이 이 세상에서 터득하려는 목적으로 선택한 삶의 표본인 청사진입니다. 이를테면 게임에서 보이는 화면 속 세계가 현실이라면 CD의 프로그램은 이데아인 셈입니다. 우리는 세상에서 자신이 성취할 목적에 따라 체험할 내용을 미리 프로그래밍해 놓습니다.

이데아론은 배움을 상기(想起)해가는 하나의 과정이라고 설명합니다. 무언가를 상기한다는 것은 이전에 이미 알고 있었다는 이야기입니다.

희랍어로 진리를 'aletheia'라고 하는데, 여기서 'a'는 부정을 나타내는 접두사이며, 'lethe'는 망각을 말합니다. 따라서 아레테이아는 '비(非) 망각'을 의미합니다. 즉, 진리라는 앎은 망각 이전의 상태로 돌아가는 것입니다. 플라톤이 '망각의 강' 신화를 들려주는 것도 이런 이유입니다.

따라서 교육이란 상자를 채우듯이 머릿속에 무엇인가를 넣어주는 일이 아니라, 영혼이 이미 알고 있는 것을 스스로 이끌어내도록 돕는 과정이며, 이 과정에서 능동적이 될 수밖에 없는 영혼은 그 자체가 사람들로 하여금 부지런하고 탐구적으로 만들어준다고 플라톤은 말했습니다.

이 세상에 온 영혼은 삶의 체험을 통해 최대한 훌륭하고 지혜로워지려고 하고, 죽고 나면 저 세상으로 돌아가서 선택했던 이데아를 기준으로 자신의 삶을 반추(反芻)합니다. 이런 거듭된 삶을 통해 완성된 영혼은 마침내 윤회에서 벗어납니다. 영혼에게 삶이란 철학(수행)의 과정입니다.

그래서 플라톤은 철학이란 죽음에의 예행연습이라고 합니다.

⊖ 이원성의 세계

플라톤은 눈에 보이는 가시적 세계(현상계) 그리고 눈에 보이지 않고 이성으로 알 수 있는 비가시적 세계(예지계)가 있다고 하는데, 주의할 점은 이 두 세계가 따로 떨어진 공간을 의미하지 않으며, 물질세계는 그림자나 허상이 아니고 감각으로 해석한 것입니다. 두 세계는 연결되어 있으며 이데아의 세계인 예지계는 현상계의 원인이고 근원입니다.

플라톤은 원인인 예지계와 그 결과인 현상계가 모두 실재한다고 말합니다. 즉 예지계는 개념으로만 존재하는 세계가 아니라 실재하며, 현상계는 예지계의 이데아를 알 수 있는 단서이자 반영하는 거울입니다.

플라톤은 감각 경험을 무시하지 않고 감각을 통해서 자신에게 제시된 것을 감지함으로써 이데아에 대한 앎에 도달합니다. 우리는 이데아에 관해 이미 알고 있었으므로 이 현상계의 감각적 요인을 통해 영혼이 망각해버렸던 것을 상기해낼 수 있습니다. 특히 아름다움과 숭고는 영혼을 이데아의 세계로 이끄는 매혹적이고 감동적인 요인입니다.

다만 감각적 지각은 고통이나 쾌감 등으로 주의를 산만하게 하여 우리를 혼란하게 하므로 지각한 다음에 순수이성의 힘으로 이데아를 발견할 수 있다고 합니다.

㊀ 이데아를 향한 길

플라톤의 대화편에서 소크라테스는 상대에게 끝없이 질문을 던지고, 상대방은 자신의 주장이 모순됨을 깨닫고 당혹감과 혼돈에 빠집니다. 그래서 사람들은 그와 대화하면 가오리에 쏘인 것처럼 온몸이 마비된다고 불평했습니다. 그러나 대화가 끝날 때까지 묻기만 할 뿐 답을 말해주지 않습니다.

이처럼 미해결된 문제를 철학 용어로 아포리아(aporia)라고 하는데, 원래는 항해술에서 배가 난관에 부딪히게 되어 더는 나아갈 수 없게 된 상황을 가리키는 용어입니다.

소크라테스의 목적은 상대로 하여금 무지를 깨닫게 하는 데 있습니다. 잔을 비워야 물을 채울 수 있듯이 자신이 무지하다는 자각이 있어야 앎을 위한 첫발을 내디딜 수 있기 때문입니다. 그리고 상대에게 답을 말해주지 않는 것도 자신의 진리는 각자 자신이 찾아야 하기 때문입니다.

자신의 해답은 자신에게 있습니다.

소크라테스는 용기란 무엇인가? 경건함이란 무엇인가? 묻습니다. 이렇게 의미를 묻고 규정하는 대화를 통해서 지금 나에게 벌어진 현상이나 사건에 대해 '이것은 (나에게) 무엇인가?' '이것은 나에게 어떤 의미인가?' 하고 의미를 파악해내게 합니다. 내 앞에 나타난 현상은 나의 이데아(삶의 표본)를 발견할 기회라는 것입니다.

그런데 이데아는 누스(반야 nous)에 의해서만 알 수 있다고 플라톤은 말합니다. 이는 감각에 의존하지 말고 내면으로 들어가라는 말입니다. 즉 감각적 경험이 아니라 내면으로 들어가서 자신에게 나타난 현상의 의미를 찾으라는 것입니다.

그러려면 영혼의 정화(카타르시스)가 필요합니다. 의학적으로 카타르시스(catharsis)는 설사를 의미합니다. 설사는 일종의 몸의 정화방법입니다. 이처럼 마음을 비우고 순수한 상태로 만드는 것을 카타르시스라고 합니다.

즉 기존의 선입견이나 고정관념에서 벗어나는 것입니다. 감각적 지각에 의존하는 의견(Doxa)를 버리고, 배움에 지장을 주는 의견을 제거하는 것입니다. 소크라테스의 '무지의 자각', 후설의 '에포케(판단중지)'가 곧 카타르시스입니다.

이렇게 영혼의 정화작업을 통해 계속해서 나에게 벌어진 현상의 의미를 찾다 보면 어느 날 홀연히 번쩍하며 이데아를 상기하게 됩니다. 플라톤은 선의 이데아에 대한 깨달음을 다음처럼 표현하고 있습니다.

"그것은 다른 학문처럼 말로 옮길 수 없고, 주제는 그 자체와 관련하여 이루어진 오랜 교유(함께함)와 공동생활을 통해 스스로 길러지고 나서야 튀는 불꽃에서 댕겨진 불빛처럼 갑자기 혼 안에 생겨나기 때문입니다."(플라톤의 『일곱째 편지』)

이것은 단순한 학문적 차원의 지식이 아니며, 고통과 수고를 동반하는 여정을 통해 이룩한 존재의 거듭남입니다. 이를 좀 더 구체적으로 표현한 것이 유명한 선분의 비유와 동굴의 비유입니다.

㈠ 선분의 비유와 동굴의 비유

플라톤의 『국가』에 나오는 비유 중 선분의 네 부분은 인간의 마음이 참된 앎에 도달하려면 반드시 거쳐 가야 하는 단계들을 나타냅니다.

첫째 선분인 에이카시아에서 피스티스, 디아노이아를 거쳐 넷째 선분인 노에시스로 진보하는 것입니다.

이 네 부분은 또한 둘씩 묶어서도 구분되는데, 낮은 쪽 둘은 가시적(可視的) 세계로서 동굴의 비유에서는 동굴 안이고, 높은 쪽 둘은 가지적(可知的) 세계로서 동굴 밖입니다. 앞의 두 단계인 가시적인 영역은 물질계가 아니라 인간의 감각적 경험 수준입니다. 앞의 두 단계가 꿈 같은 상태라면 뒤의 두 단계는 깨어있는 상태입니다.

첫째 단계인 에이카시아(eikasia)는 짐작, 또는 상상을 뜻하며, 의식적이지 못하고 피상적으로 바라보는 것입니다. 자신에게 일어난 상황에 대해 선입견, 편견으로 이해하므로 사회적으로 학습된 관습이나 전통에 얽매인 존재상태입니다.

예컨대 타인을 통해 알게 된 것들, 즉 신문이나 TV를 통한 뉴스나 정보, 그리고 자신의 환상이나 편견에 의해 왜곡된 사실을 진실이라고 믿는 상태입니다.

그 대상은 그림자나 영상, 또는 반사물이라는 성격을 갖습니다. 그림자는 실물의 나머지 부분은 다 사라져 버린 것으로 매우 불분명하고 부정확한 것을 의미합니다. 대다수 사람은 이 원초적 단계에서 세계에 관해 더 참된 이해로 나아가지 못하고 그 상태 속에서 평생 살아갑니다.

물론 에이카시아는 나쁜 점만 있지 않고 약간의 진리도 포함하고 있습니다. 예술의 긍정적 효과가 여기에 해당합니다.

우리가 그림자나 반사물을 실제라고 간주할 때 환상이 생김으로써 해악이 나타납니다. 그림자를 그림자로 간주하는 한, 환상은 없습니다.

이 단계는 동굴의 비유에서 동굴 속의 죄수들이 손발과 목이 사슬에 묶인 채 깜박거리는 인형들의 그림자만 볼 수 있는 상태입니다.

평범한 일상적 의식은 주로 실제가 아닌 대중매체에 의해 형성된 영상과 환상에 지배받고 있습니다. 이것은 사물에 관한 왜곡된 피상적인 견해며, 사물의 참모습을 파악하지 못하도록 막는 환영의 달콤한 베일입니다.

둘째 단계인 피스티스(pistis)는 확신의 상태입니다.

우리가 사물과 직접 접촉하면 타인들을 통해서 알 때보다 훨씬 확실하다는 느낌이 들게 됩니다. 즉 자신에게 일어난 현상에 대해 외부로 드러난 모습을 보고 확신하되 이면의 진실을 보지 못하는 존재상태입니다.

그 대상은 우리 주변의 동물, 식물, 제작물 등 물리적인 것이 여기에 해당됩니다. 플라톤은 이 상태를 '이해가 모자란 참된 의견'이라고 부르며, 이 상태에 있는 사람은 '바른길을 가는 장님'이라고 비유하고 있습니다.

이 단계는 동굴의 비유에서 죄수가 최초로 결박에서 벗어나 인형들과 모닥불을 보는 상태이며, 환상과 뜬소문 편견에 의해서 갖게 되었던 잘못된 선입관에서 벗어나는 단계입니다.

셋째 단계인 디아노이아(dianoia)는 추론적 사고입니다.

자신에게 벌어진 사건에 대해 가설을 세우고 추론은 하지만, 내면으로 가지 않고 외부에서 답을 찾는 존재상태입니다. 사건을 부분적으로만 볼뿐 상호 연결된 관점으로 살피지 못합니다. 과학적인 사람이 수학적으로 사고할 때입니다.

동굴의 비유에서 햇빛이 비치는 동굴 밖 세계로 인도되어 사물들의 반사물과 그림자들을 보는 단계입니다.

마지막 단계인 노에시스(noesis, 또는 에피스테메)는 누스의 앎 또는 변증술입니다.

자신에게 반복되는 사건이나 현상의 참된 의미를 파악하려고 내면으로 들어가 스스로 묻고 답하는 과정을 통해 해답을 얻는 존재상태입니다.

이 단계는 완전한 누스의 상태이며, 누스는 대상이 자신에게 주는 의미를 직관적으로 알아보는 반야를 말합니다. 감각의 대상을 이데아의 현시(顯示)로 보는 방식입니다. 대상은 이데아를 내포하고 있습니다.

이 단계는 동굴의 비유에서 마침내 빛의 근원이자 사물들의 원인인 태양 자체, 즉 선의 이데아를 바라보는 단계입니다. 이것은 사물을 전체의 부분으로 이해하고, 전체의 맥락 속에서 서로 연결된 것으로 이해합니다.

변증술을 통해 누스는 일련의 이데아를 거쳐 위로 상승하며 궁극적으로 제일 원리인 선의 이데아에 도달합니다. 그리고 이 제일 원리에서 하강하여 지식의 모든 특수한 분야와 개별적인 요소들의 관계를 알아보게 됩니다.

⊖ 선(善)의 이데아

오늘날 선의 일반적 의미는 이타적 행동과 같은 선행으로 식별됩니다. 그러나 고대 희랍에서 선은 목적과 같은 개념이었습니다. 선(善)이라는 뜻의 희랍어는 '아레테(arete)'입니다. '아레테'는 어떤 특정한 일에 있어서 능함을 의미합니다.

따라서 아레테는 사람에게만 적용되지도 않고, 도덕과 연관되지도 않습니다. 모든 종류의 사물에는 그 종류에 따라 훌륭한 상태(또는 좋은 상태)가 있으며, 이는 대개 그 종류의 기능(쓰임새) 또는 목적과 관련된 앎에 의존합니다.

가령 눈의 아레테는 잘 보는 것이고, 귀의 아레테는 잘 듣는 것이며, 제화공의 아레테는 좋은 구두를 만드는 능력입니다. 따라서 훌륭한 제화공이 되고자 한다면, 먼저 구두가 무엇인지, 그리고 그것이 무엇에 쓰이는지를 알아야 합니다.

마찬가지로 '잘 사는 능력'으로서의 아레테인 삶의 아레테도 존재하며, 이를 위해서는 자신이 누구인지, 그리고 자신이 무엇을 하고자 이 세상에 왔는지 상기해내야 합니다. 자기 삶의 목적을 아는 것은, 삶의 마스터가 된다는 뜻이며, 삶을 마스터한 선한 사람은 자기 삶의 목적을 성취한 사람입니다.

플라톤의 대화편 『티마이오스』에 나오는 우주의 창조자 데미우르고스(장인)는 선의 이데아를 실현하기 위해 각자가 자신의 목적지로 잘 갈 수 있도록, 자기 삶의 목적을 성취할 수 있도록 돕는 도우미의 역할을 합니다.

나가면서

　코페르니쿠스가 태양이 지구의 둘레를 돈다는 천동설(天動說)에서 지구가 태양의 둘레를 돈다는 지동설(地動說)을 주장했듯이, 칸트도 주체를 중심으로 해서 움직이는 객체를 파악한다는 기존의 방식에서 객체를 중심으로 해서 움직이는 주체를 파악한다는 완전히 혁명적인 인식 방식을 제시했습니다.

　쉽게 말해서 우리가 현실을 인식할 때와는 달리 실상(眞理)을 파악하려면, 지구를 중심으로 움직이는 태양을 파악하려고 하지 말고, 움직이지 않는 태양을 중심에 두고서 움직이는 지구라는 입지에서 파악하라는 말입니다. 이는 지구가 움직일 때마다 태양의 모습이 바뀌듯이 주체의 입지가 바뀔 때마다 대상인 물자체가 변신한다는 점을 일깨워줍니다. (입체주의의 피카소도 여러 시점에서 바라본 사물의 모습을 그렸습니다.)

　이는 주체와 객체는 긴밀히 연결되어 있어서 객체가 바뀌게 하려면 나 자신의 입지가 바뀌어야 함(用變)을 일러줍니다. 현실에서는 주체가 손수 객체에 영향을 끼치는 방법이 유리한 듯이 보이지만, 실상에서는 주체가 바뀌는 방식이 객체에 영향을 끼치는 데 장기적으로 유익함을 칸트는 파악했던 것입니다. 다만 주체의 변화에 따른 객체의 결과가 드러나는 데 얼마간의 시간이 걸리므로 기다려야 하는(不動本)

점을 염두에 두어야 합니다.

　이처럼 칸트가 새로운 패러다임을 통해서 봉착한 철학적 난관에서 벗어날 수 있었듯이, 우리도 객체의 변화(大三)가 아니라 자신의 변화(運三)라는 새로운 패러다임을 통해서만 봉착한 난제에서 벗어날 수 있을 겁니다. 겉으로든 속으로든 현실에 만족하지 못하는 분이 기존의 방식대로 하면서 삶이 바뀌기를 바란다면 그런 이를 정신병자라고 합니다.

　태양이 움직여야 한다는 오감에 의한 현실이 실제가 아니듯이 객체가 변해야 한다는 오감에 의한 정보나 세속의 진술은 실상이 아닙니다. 이처럼 지구가 움직인다는 것이 실제이듯이 자신이 움직여야 한다는 것이 실상입니다. 그리고 오감이나 외부 정보를 참고하되 그것에 좌우되지 않는 순수(한 자기 내면의) 이성에 의해서만 실상을, 진실을, 진리를, 반야를 파악할 수 있습니다. 그래서 붓다도 오감에 의한 오욕락(五欲樂)에 좌우되지 말라고 했습니다. 이것이 바로 조건 없는 자신만의 준칙이란 의미에서 정언명령입니다.

　칸트가 '코페르니쿠스 전회'라는 패러다임 전환을 통해서 자신만의 이데아를 변증(辨證)으로 상기(想起)해냄으로써 자신만의 새로운 철학을 정립해서 서양철학의 대전환을 이뤄내게 되고(코페르니쿠스 전회가 칸트 철학의 결론이 아니라 시작입니다), 인류에 이바지할 수 있었듯이, 여러분도 천부경을 통해서 패러다임을 전환해서 자신만의 이데아를 알아보게 됨으로써 인류에 이바지하는 인생 대역전을 이뤄내기를 바랍니다.

　다만 자신의 존재상태(一)를 바꾸려면 실천해야 합니다. 칸트가 영혼·신이 실체가 아니므로 이론이 아니라 실천을 위해 이성을 쓸 때에야 작동된다고 했듯이, 붓다도 자신의 영혼인 실아(實我, atta)는 담마를 배운다고 드러나지 않고 담마(本)를 적극 실천할 때에야 드러낸다고 했습니다.

❂ 집단의 本太陽 대한민국 현실

지금 이 땅에 사는 다수 사람의 존재상태가 최순실 박근혜 게이트로 드러나고 있습니다. 비선 실세 최순실과 꼭두각시 박근혜를 통해 드러나고 있지요. 그러면 이렇게 드러나는 원인이 일반적인 관점에서는 그 사람들 때문이라고 할 수 있지만, 만약 이 천부경에서 말하는 수행인의 차원에 들어서고자 한다면 그 현상이 벌어진 요인이 나한테 있음을 자각해야 합니다.

이를테면 대다수가 자의식이 생긴 이후에 초등학교 때 학원에 가는 것도 부모의 조종으로 가는 실정이고, 중·고등학교 때도 마찬가지며, 또 대학교에 갈 때 학교와 전공까지도 부모 코치에 따라서 정한다고 합니다. 그다음 직장도 부모의 조종을 받고 결혼도 부모의 허락을 맡아야 합니다.

이 땅의 다수 사람이 자식들을 조종해서 자기 뜻대로 공부를 잘하게끔 해서 뭔가 뜻을 이루고자 하는데, 이 현상은 최순실이 박근혜를 꼭두각시로 만든 행태와 다르지 않습니다. 이 땅의 다수 사람의 속과 겉이 통일되지 않아서 남북이 통일되지 않고 있듯이, 이런 배후조종

에너지에 있는 사람들이 배후조종하는 최순실을 나쁘다고 해도 유사한 상황으로 반복될 것이므로 외부를 지적하기보다 자신을 먼저 성찰해야 합니다.

아~ 저도 훌륭한 엄마라는 소리를 들으려고 자식을 조종해서 키웠음을 인정합니다. 자식을 내 뜻대로 세상에서 주목받고 인정받도록 버젓한 과시용으로 키우면서, 자식을 위하는 엄마라고 나를 속이고 자식도 주변도 속였지요. 진정 자식이 잘되도록 이바지한 엄마가 아니라, 자식을 허영의 도구로 삼은 부끄럽고 한없이 미안한 엄마입니다.

박근혜가 말로는 국민을 위한다고 하지만 속마음은 사실상 자신만을 위하고 있었듯이, 사람들도 대다수 말로는 자녀를 위한다고 하지만 속마음은 사실상 자녀를 조종하고 있습니다. 그러면 박근혜의 정체성은 '나는 (공주 대접을 받기 위한 수단으로) 국민을 이용한다'이고, 다수 부모의 정체성은 '나는 자녀를 (자신의 욕망을 위한 수단으로) 이용한다'입니다.

우리가 촛불을 든다는 의미도 촛불에 '귀신 같은 최순실 박근혜는 쫓겨 가라'고 할 것이 아니라 그런 배후조종 요인이 자신한테 있음을 밝게 비춰 보라는 것입니다. 각자가 회사나 가정, 학교나 군대 등 다양한 곳에서 상대를 조종하거나 조종받고 있고 또는 조종받기를 허용하며 사실상 서로 거래하고 있다면 이 게임은 끝나지 않는다는 것입니다.

사실 놀란 게 있습니다. 꼭두각시를 다른 말로 괴뢰(傀儡)라고 하더군요. 제가 어렸을 때 반공 시간에 '북한 괴뢰'라고 많이 들었습니다. 그게 도대체 무슨 말인가 했는데, 북한이 자기들 뜻대로 의사를 결정하지 못하고 소련의 의사에 좌지우지되고, 그다음 공산당의 일당 독재 때문에 자신이 하고 싶지 않아도 특정 행위나 주장을 하는 모습을 괴뢰, 꼭두각시라고 하더군요.

그러므로 이 땅에서 많은 사람이 타인을 꼭두각시처럼 조종하려고 하는 그 에너지가 바로 최순실과 박근혜라는 本太陽으로 드러났다는 것이죠. 이것을 각자가 중단하려고 노력해서 일정 사람들이 조종하기를 멈추는 흐름이 대세가 되기 전에는 아마 이들이 사라져도 또 다른 대체물이 나타날 겁니다.

그렇게 해서 나라 운영이 제대로 되지 않고 잘 알다시피 그 피해가 고스란히 각자들한테 옵니다. 세월호 사건이 있잖아요. 죽은 사람들만 불쌍하다고 본다면 메시지를 놓친 것입니다. 침몰하는 세월호에서 사람들이 희생되었듯이 나 자신을 포함해서 누구나 엉터리 언론을 통해서 지금 안전하니 자리를 지키라고 하는 정보에 누구나 희생될지도 모릅니다.

그러므로 수행인이라면 이렇게 사건의 본질에 접근해야 한다는 것이죠. 내 자식을 내 뜻대로 되게끔 조종하려고 하는지를 돌이켜봐야 합니다. 겉으로 조종하지 않는 척해봐야 소용없습니다. 속에 그런 의도가 있다면 겉으로 드러내놓고 조종하는 것과 같습니다. 아니 오히려 겉으로 드러내놓고 하는 사람들보다 더욱 상황을 꼬이게 하고 문제를 일으킵니다. 이것이 숨어서 조종해온 비선인 최순실과 다를 바가 없습니다.

겉으로 상당히 예의 바르게 잘하는 사람인데 특정 순간이 되면 자신은 전혀 의도하지 않았는데 자기 발등을 찍는 행위를 하는 모습들을 보게 됩니다. 속마음이 외부현상으로 드러나기 마련이라는 거죠. 왜 그런 일이 벌어지는지 아주 잘 접근한 책이 있는데, 바로 『착하다는 사람이 왜 나쁜 짓 할까?』라는 책입니다. 예를 들어 의식적으로는 A쪽으로 가고 싶은데 정신 차려보면 B쪽을 가고 있다거나 틀림없이 A를 이야기하려고 했는데 엉뚱한 B를 말하는 경우가 있습니다. 나의 본심이 드러나는 것입니다.

이 本心 즉, '담마의 마음'이란 신이 각자에게 '너 자신을 알라!'고 주는 메시지입니다. 마치 '너도 모르게 지껄이는 그 말이 바로 진정한 너의 마음이야!'라고 알려주는 것과 같습니다. 이런 실수에 本心이 들어 있다는 것입니다. (이 본심을 『붓다의 발견』에서 실아라고 번역했습니다. 팔리어로는 아타atta입니다.)

사실상 영혼인 실아(實我)는 때로는 本心을 넘어서 本太陽으로 작동하기도 합니다. 즉 집합 영(靈)으로 작동해서 각자에게 삶의 지표를 외부에 제시해줌으로써 자기 모습을 깨닫게 해주는 本太陽입니다. 그러므로 담마(本 dhamma)를 사인sign을 통해서 보내는 本心은 '혼(魂 soul)의 마음'이고, 시그널signal을 통해서 보내고 있는 本太陽은 '영(靈 spirit)의 마음'입니다.

붓다는 앙굿따라니까야(A3:40)에 '세 가지 우선시해야 하는 것이 바로 실아(實我 atta), 세간(世間 loka), 담마(本 dhamma)며 자신이 저지른 나쁜 짓에 대한 비밀은 없으니 그 사실을 자기도, 신(神)도, 여래도 알고 있으니 실아와 세간을 우선시하라'고 했습니다. 여기서 本心은 실아(實我 atta), 本은 담마(本 dhamma), 本太陽은 세간(世間 loka)에 해당합니다. 실아와 세간 양쪽 다 담마가 있으므로 실아를 우선시하는 자는 (자신을 성찰하는) 사띠를 행하고, 세간을 우선시하는 자는 현명해져서 선정에 들(어 세간이 자신에게 주는 의미를 알아보)며, 담마를 우선시하는 자는 바른 담마를 (이론으로만 그치지 않고서) 실천한다고 합니다.

☸ 극복되지 않은 역사의 반복

이 땅에서 우리는 1592년 임진왜란, 1636년 병자호란의 교훈을 제대로 기억하고 있지 못하고 있으며, 1882년 임오항쟁, 1884년 갑신정변의 실패 그리고 이어서 민비와 진령군의 교훈이 얼마 전까지도 반복됐고, 1894년 동학항쟁의 실패, 1905년, 1910년의 일본 제국주의에 의한 교훈을 제대로 처리하지 못했고 아직 못하고 있으며, 3·1운동 그리고 해방 이후 건국준비위원회의 실패에서도, 1950년 6·25에서 그리고 4·19혁명, 5·18 광주민주화운동, 6·10항쟁에서 제대로 교훈을 얻지 못했기에, 이 땅의 구성원들이 집단으로 숙제를 반복하고 있습니다. 바로 지금도 말이지요. 이런 점에서 과연 우리의 자기의 사결정권이 어찌 된 건가요?

그럼에도 설사 실패하더라도 제대로 시도는 해볼 수 있지 않은가요?

우리가 4대 강국과 무력으로 상대한다면 명백히 실패하는 결과가 예측되는데도 무력으로 잘되기를 바란다면 기대에 불과하지만, 우리 고유의 문화로 인류에 이바지할 수 있다고 바란다면 희망이 될 것입니다.

그래서 이 땅에 우리만의 '신 르네상스' '신 동학'을 이끌어내려면, 반만년 이전에 이 땅에서 실천됨으로써 세상의 문화를 선도(先導)했던 우리 고유의 천부경을 통해서 문화적인 실력을 갖추는 집단적인 결단이 요구됩니다.

되찾은 '민족혼' 미리 감사합니다.

부록: 해원상생 자료 (화인님 정리)

㊀ 원(寃)의 의미

원(寃)은 원(冤)의 속자(俗字)로써, 한자옥편의 뜻풀이에는 '토끼가 덮개에 갇혀 있어서 달릴 수 없으므로 더욱 굽히고 꺾인다.'고 되어 있습니다. 冤이란 글자를 보면 '덮을 冖'에 '토끼 兔'가 합쳐진 것으로 토끼가 자신에게 굴레 씌워진 틀에 갇혀서 옴짝달싹 못하는 모습입니다. 이러한 풀이에서 보듯이 원(寃)이란 '사회구조적 속박에 갇혀 자유를 박탈당한 채 괴로워하고 원통해하는 감정 상태'를 나타냅니다.

남존여비와 반상(班常)의 제도, 적서(嫡庶)의 차별 등 사회적 속박 속에서 약자는 소외와 차별, 배제와 멸시를 받으며 울분과 원통함으로 일평생을 살았습니다.

이런 사회구조적 문제인 원(寃)과 달리 원한(怨恨)은 개인적인 상황에 해당합니다. 원(怨)에는 인생을 살아가려는 의지가 타인의 의지와 마찰을 빚어내어 그 타인의 의지에 나의 의지가 무참히 짓밟힐 때 생기는 적극적인 의미가 있다면, 한(恨)에는 자신의 착한 마음씨와 관계없이 그에 상응하는 행복이 따라오지 않을 때에 생기는 슬픈 정서로써 수동적인 의미가 있습니다. 원(怨)은 원망과 증오의 상대가 있어서 보복의 성격을 띠지만, 한(恨)은 스스로 어찌할 수 없으므로 자신의 신세나 불운에 대해 한탄하고 달래는 길밖에 없습니다.

㊀ 갑을(甲乙)관계

원래 계약관계인 갑을(甲乙)이 우리 사회에서는 강자인 갑(甲) 약자인 을(乙)이라는 상하관계, 주종관계로 변질해버렸습니다. 물론 미국에서 공공연한 인종차별은 존재하지 않으나 은연중에 차별이 여전히 있듯이, 이 땅에도 공공연한 인간차별은 존재하지 않으나 경제적 수준이나 사회적 지위에 의한 차별이 여전합니다. 과거 반상의 변형인 지금의 갑을관계는 근대화되면서 반상의 구분을 없애지 않고 모두 양반이 되는 방식으로 변형됨으로써 양반의 특권적 지위는 계속 인정되고 유지됐습니다.

그래서 차별의 철폐가 아니라 자신이 차별받지 않는 갑(甲)의 위치에 올라서는 것이 목표가 되었습니다. 돈과 지위가 성공의 척도가 되다 보니 공부를 잘해서 고위직에 올라가거나, 돈을 많이 벌기 위해 편법도 서슴지 않습니다. 그리고 그 위치에 올라서면 을(乙)을 사실상 하인으로 여기며 소위 '갑질'을 합니다.

우리 사회는 대다수 갑을관계의 먹이사슬로 이루어져 있습니다. 대기업이 갑(甲)이면 1차 하청업체가 을(乙)이 되고, 2차 하청업체는 병(丙)이 됩니다. 을은 하청받는 병과 또 다른 갑을관계가 됩니다. 그리고 정규직과 비정규직은 또다시 갑을관계입니다. 이처럼 피라미드의 최하층에 있는 일용직 노동자, 아르바이트생 등 비정규직에 대한 차별은 '현대판 노예제도'라 말할 만큼 심각한 사회문제가 되고 있습니다.

그런데 갑이라는 것은 사실은 허상일 뿐입니다. 갑을관계는 상대적이므로 어떤 갑의 자리든지 그 위에는 또 다른 갑이 존재하기 마련인데도 '갑질'은 멈추지 않고 더 심해지고 있습니다. 알다시피 대한항공 조현아 전 부사장의 땅콩 회항은 대표적인 '갑질'의 예입니다. 남양유업의 대리점 밀어내기식 영업은 대기업 '갑질'의 빙산의 일각에 불과합니다.

갑이 되는 것으로 '갑을' 문제를 해결하려는 것은 종속적인 갑을관계를 공고히 할 뿐만 아니라 사회를 원(寃)으로 가득하게 하고 결국 병들게 합니다.

㊀ 무도병(無道病)

사람은 태어나서 가족·학교·사회·국가라는 공동체에서 생활하면서 예로부터 부자(父子)·사제(師弟)·군신(君臣) 간의 관계가 중요시되었으며 군사부일체(君師父一體), 즉 임금·스승·부모는 한몸이라고 해왔습니다. 그런데 의미가 왜곡되어서 동등한 관계가 일방적 관계로 변질하였습니다.

논어에서 '효는 봉양이 아니라 공경으로 짐승과 구별된다'고 했고, '어버이가 살아 계실 때에는 뜻을 살피라'고 했으며, '삼 년 상 동안 부친이 하던 방식을 고치지 않는다'고 했습니다. 이것은 부모의 취지를 중시하라는 뜻이지 절대 시키는 대로 무조건 따르라는 말이 아닙니다.

오히려 '事父母幾諫'(사부모기간)이란 구절은 부모가 제대로 하지 않는 부분에 대해 상황을 살펴서 諫(간)하라고 합니다. 孝(효)의 본질은 복종이 아니라 이의 제기를 예로써 하라는 뜻입니다. 이런 이의 제기 방식은 자식이 부모의 말을 따라야 하는 일방의 윤리가 아니라 쌍방의 윤리임을 확인해줍니다.

또 '부모는 오직 자식이 병들어 아프지 않을까를 걱정한다'고 했는데, 이를 '내 몸을 아프게 해서 부모가 근심하지 않도록 조심하라'는 자식의 도리, 또 '언제나 자식을 (지배하지 말고) 걱정하며 내리 사랑하라'는 부모의 도리로 봐서 부모와 자녀 사이의 상호적 효로 볼 수도 있습니다.

五倫(오륜)의 '父子有親(부자유친)'도 말 그대로 해석하면 부모와 자식은 상호 친함이 있어야 한다는 표현이지 절대 자식이 일방으로 부모에게 親(친)하려 해야 한다는 말이 아닙니다.

이것은 충(忠)과 열(烈)도 마찬가지입니다.

대부분 忠(충)에 관련해서 원래의 사실과 반대로 알고 있는 형편입니다. 孝(효)가 부모의 잘못을 예로써 간하듯이 中+心(중 심)으로 이뤄진 忠도 국가(임금)의 말에 순종하라는 말이 아니라, 마음의 중심을 잡고서 과감히 잘못된 점에 대해 문제를 제기하라는 뜻입니다.

이러한 관계의 기본 틀을 삼강(三綱), 즉 군위신강(君爲臣綱), 부위자강(父爲子綱), 부위부강(夫爲婦綱)이라고 하는데, 여기서 '벼리 綱(강)'의 의미를 좀 더 자세히 알아볼 필요가 있습니다.

'벼리'란 그물의 코를 꿰어 그물을 잡아당길 수 있게 한 줄을 말합니다. 그래서 이 줄을 당기면 그물이 오므려지면서 그 속에 물고기가 잡히는 것입니다.

이처럼 벼리는 기준이나 근본이 되는 줄을 말하며, 이 기준이 바로 서지 않으면 나머지도 모두 틀어지게 됩니다. 또 그물이 망가져서 수

선하고자 할 때도 제일 먼저 벼리를 손질하고, 그다음 그물코를 손질해야 합니다.

이를 통해 우리는 벼리에 해당하는 군(君), 부(父), 부(夫)의 역할이 얼마나 중요한지 깨닫게 됩니다. 벼리란 사람들이 본받는 기준인 모범, 근간을 뜻합니다. 그러므로 임금(대통령)·부모·남편이 솔선수범하여 본보기가 될 때에야 나머지 구성원도 자연히 따르게 되는 것입니다.

그러므로 三剛(삼강)은 신하·자식·아내의 의무가 아니라 오히려 '임금·부모·남편이 솔선수범으로 모범이 되어야 한다'는 책임을 나타내고 있습니다.

인간이 서로 조화롭게 살아가는 데 있어서 중심이 바로 윤리입니다. 그리고 그 윤리는 충·효·열이 근간이 돼서 삼강오륜(三綱五倫)을 이루며 인간의 법도를 세워나갑니다.

오늘날 충효열(忠孝烈)이라고 하면 고리타분한 유교의 윤리라고 여기게 되었는데, 그것은 본래의 진유(眞儒)가 아니라 부유(腐儒)가 전해져 왔기 때문입니다.

유교의 윤리는 그동안 갑(甲)인 임금·부모·남편·스승의 입장만 대변해왔습니다. 이 때문에 을(乙)에 해당하는 사람들은 오랫동안 원(冤)이 쌓일 수밖에 없었습니다.

그뿐만 아니라 갑(甲)인 지배 권력이 자신들의 입맛에 맞게 충효열의 의미를 왜곡하여 을(乙)에게 일방적으로 복종과 순종을 강요하게 되자 결국 국가·가정·몸이 망하는 지경에 이르렀습니다.

이에 대해 증산께서는 忠孝烈 國之大綱 然 國亡於忠 家亡於孝 身亡於烈이라고 말씀하셨습니다. 충효열은 나라의 벼리이지만, 나라는 충(忠)으로 인해 망하고, 집안은 효(孝)로 인해 망하며, 몸은 열(烈)로 인해 망한다는 것입니다.

국가는 충성한다는 간신들 때문에 망하며, 가정도 과도한 효도 때문에 망하고, 몸도 형식적인 수절(守節) 때문에 망해버린다는 뜻입니다.

또 所願人道 願君不君 願父不父 願師不師 有君無臣其君何立 有父無子其父何立 有師無學其師何立이라고 했습니다. 인간의 도를 원하는 바가 있어서 (누구나) 임금이기를 원하나 임금답지 못하고, 부모이기를 원하나 부모답지 못하며, 스승이기를 원하나 스승답지 못하다. 임금이 있되 (임금 노릇을 제대로 못 해서) 신하가 없으면 그 임금이 어찌 설 수 있고, 부모가 있되 (부모 노릇을 제대로 못 해서) 자녀가 없으면 그 부모가 어찌 설 수 있으며, 스승이 있되 (스승 노릇을 제대로 못 해서) 제자가 없으면 그 스승이 어찌 설 수 있겠습니까? 이러한 뜻입니다.

우리는 지금 최순실 박근혜 게이트를 통해 국가의 기강(紀綱)이 무너진 모습을 목격하고 있습니다. 이 기강(紀綱)이 바로 벼리 紀, 벼리 綱입니다. 엉망이 되어버린 벼리가 불러오는 세상을 겪고 있는 것입니다.

군인과 공무원들의 기강이 해이해졌다며 아랫사람들의 군기를 잡을 것이 아니라 오히려 솔선하지 못하는 책임자부터 스스로 문제점을 인식하고 잘못을 돌아봐야 합니다.

또 忘其父者無道 忘其君者無道 忘其師者無道 世無忠 世無孝 世無烈 是故天下皆病 病勢 大仁大義 無病 이라고 했습니다. 그 부모다움을 잊은 자도 무도하고, 그 임금다움을 잊은 자도 무도하며, 그 스승다움을 잊은 자도 무도하다. 이런 병세에 큰 인(仁)과 큰 의(義)의 존재가 되면 병이 없어지는데, 세상에 (제대로 된) 충(忠)이 없고, 효(孝)가 없으며, 열(烈)이 없어졌다. 이런 까닭에 천하가 다 병들었다. 이런 병세에 큰 인(仁)과 큰 의(義)의 존재가 되면 병이 없어진다고 합니다.

　위의 글은 임금은 임금답고, 신하는 신하다워야(君君 臣臣) 한다는 공자의 정명론(正命論)과 맥락이 닿아 있다고 볼 수 있습니다. 부모는 부모답지 못하고, 임금은 임금답지 못하며, 스승은 스승답지 못하여 충효열이 끊어졌고 그 때문에 세상이 병들었다고 진단하고 계신 것입니다.

　충효열에 대한 고정관념에서 벗어나지 못해서 대개 忘其父者無道를 '그 부모의 은혜를 잊은 자는 무도하다'고 해석하고 있지만, 기(其)는 전후 맥락에 따른 지시대명사이므로 무도한 상황을 불러온 부모의 됨됨이인 셈입니다.

　명심보감에도 欲知其君 先視其臣 欲識其人 先視其友 欲知其父 先視其子라고 했습니다. 그 임금의 됨됨이에 대해서 알고자 한다면 먼저 그 신하를 살펴보고, 그 사람의 됨됨이를 알고자 한다면 먼저 그 벗을 살펴보며, 그 부모의 됨됨이에 대해서 알고자 한다면 먼저 그 자녀를 살펴보라는 뜻입니다. 말단을 보면 그 근본을 알아볼 수 있습니다.

세상이 무도해진 근본 원인은 바로 임금·부모·남편이 제대로 솔선수범하는 벼리가 되지 못하기 때문입니다. 그러므로 충효열(忠孝烈)이 끊어져 생긴 무도병(無道病)은 신하·자녀·아내라는 힘없는 을(乙)의 탓이 아니라 임금·부모·남편이라는 힘있는 갑(甲)의 책임이라는 점은 명백합니다.

'문제아(問題兒) 뒤에는 문제 부모가 있다'고 합니다. 사실 자녀문제는 대개 부모가 자신의 욕심을 자녀에게 투영하고 강요해서 생기는 것입니다. 문제자녀는 오히려 문제부모가 자신의 본모습을 알아보도록 비춰주고 있을 뿐입니다.

부모가 자녀를 자신의 뜻대로 만들려고 강압적이고 권위주의적인 태도로 대하거나 사실상 배후조종하여 꼭두각시로 만들고 있기 때문입니다.

그러므로 지금 세상에 충효열이 사라진 것은 임금·스승·부모·남편이 제 역할을 하지 못하고 본보기가 되지 못했기 때문입니다. 제 역할을 하지 못했을 뿐 아니라 오히려 갑(甲)의 위치에서 충효열의 의미를 왜곡하여 약자인 을(乙)에게 일방적으로 복종을 강요해왔기 때문입니다.

이처럼 임금·스승·부모·남편이 본보기가 돼야 한다는 점을 미루어 볼 때, '*君師父一體*(군사부일체)'라는 말은 대통령과 스승을 부모처럼 받들라는 뜻이 아니라, 부모가 자식을 대하듯이 대통령과 스승도 국민·공무원·제자를 자기 자식처럼 대우하라는 의미입니다. 그래야 공무원·제자들도 대통령·스승을 부모님처럼 대하게 된다는 것입니다.

지금까지 우리 사회는 학생에게 스승을 부모님처럼 존경하고, 그림자도 밟지 말라며 스승을 우러러보기를 요구해왔지만, 오히려 본보기가 되어야 할 스승이 부모처럼 학생들을 자식으로 대하지는 않는 실정입니다.

이 땅에 무너진 기강(紀綱)을 세우려면 대통령·스승·부모 등 힘 있는 자부터 권위를 내세우기보다는 먼저 솔선수범할 때에야 가능합니다. 그럼으로써 힘있는 갑(甲)의 횡포 때문에 쌓인 원(寃)이 풀려야만 합니다.

⊖ 해원(解寃)과 상생(相生)

해원(解寃)은 강자의 '갑질'로 인해 맺힌 약자의 '원(寃)을 푼다'는 뜻입니다.

원(寃)의 역사는 요(堯)임금의 아들 단주(丹朱)에서 시작되었다고 합니다. 아들 단주가 불초하다 하여 요(堯)가 순(舜)에게 두 딸을 주고 천하를 물려주니 단주는 원을 품게 되었고 이것이 원의 뿌리가 되었다는 것입니다.

그동안 요·순을 임금의 절대적 표준으로만 생각하다 보니 다른 관점으로 바라보지 못했습니다. 즉 그들에게 잘못이 전혀 없다고 여겨왔는데, 단주가 원이 맺힌 것은 바로 아버지인 요임금의 '갑질' 때문이었습니다.

단주는 실제로는 매우 총명하였고 주위의 이민족과 화합하기 위해 노력했다고 합니다. 하지만 단주가 실력 있다며 신하들이 추천하는데도 요임금은 자기 마음에 드는 순에게 왕위를 물려주었던 것입니다.

조선 시대에 영민한 아들 사도세자에게 왕위를 물려주고 싶지 않았던 영조와 유사했던 것입니다.

  원이 풀린다는 의미인 해원(解冤)은 힘있는 갑(甲)들이 솔선수범해서 갑질을 멈추고 힘없는 을(乙)을 섬기는 문화가 주류가 될 때에야만 가능합니다.
  그러므로 갑(甲)부터 솔선함으로써 해원이 되기 전에는 자신의 이익보다는 전체의 공존과 화합을 먼저 생각해서 '서로 잘되게 한다'는 상생(相生)은 불가능합니다. 자신보다 약자를 대접하고 섬기는 해원(解冤)의 문화가 자리 잡음으로써 자신에게 오히려 봉사할 기회를 제공한 을(乙)에게 감사하는 태도를 지니기 전에는 상생하기가 어렵습니다.
  그런데 상제님의 해원공사(解冤公事)는 개인적으로 한(恨)풀이할 기회를 제공하는 것이 아니라 오랜 세월 동안 찌들어버린 고질적인 사회의 구조적 모순을 해결한다는 근본적인 처방입니다. 쌓인 원을 해결하는 세상의 흐름을 돌려놓으신 덕택에 우리는 여권(女權)이 신장하였고, 제도적인 반상의 차별은 없어진 세상에서 생활하고 있는 것입니다.
  그래서 해결하기 어렵던 '사회의 제도적 모순'은 상제께서 해원공사(解冤公事)를 통해서 해결했으나 그 뜻을 이어받아서 인간이 실천해야 할 부분이 있는데 그것이 바로 '사회의 구조적 모순'에 대한 해결입니다. 이를 위해 우리가 실천해야 할 덕목이 바로 해원상생(解冤相生)입니다. 새 판이 마련되어 있으므로 해원의 성사는 사람에게 달린 셈입니다.

　물론 자신이 비록 대부분 약자의 처지에 있을지라도 자신보다 약한 자는 언제나 있기 마련입니다. 만일 자신보다 힘없는 을(乙)을 만날 때 평소 쌓인 한(恨)을 풀 기회로 여겨서 약자에게 '갑질'한다면 원(冤)이 더욱더 쌓여서 자신도 사회의 구조적 모순에서 계속 희생자가 되도록 하고 있는 것입니다. 머잖아 자신이 행한 대로 받을 것이기 때문입니다.

　하지만 비록 자신의 삶조차 꾸리기가 어려운 처지일지라도 자신보다 힘없는 을(乙)을 돌보고 봉사한다면, 즉 해원(解冤)을 실천한다면 이것이 바로 해원공사를 받들어서 상생(相生)의 세상을 구현하는 데 힘을 보태는 해원상생(解冤相生)입니다.

　그러므로 해원상생(解冤相生)은 비록 자신이 어렵고 힘들지라도 자신보다 더 어려운 사람을 만났을 때 그 상대를 돕거나 섬기고 잘되게 할 기회를 맞이했다고 여겨서 어찌해서든 이를 실천해가는 것이 요체입니다. 해원상생의 실천은 원(冤)을 근원적으로 소멸시키고 상대를 잘 되게 한다는 점에서 화평(和平)의 길이며 세계평화를 가져오는 길입니다.

　소위 사회의 구조적 모순을 내버려둔 채로 어찌해서든 개인적인 억울함만 해결하거나 자신만 잘살려고 하는 활동은 상생의 세상을 만들고자 하는 것이 아니라 단기적인 욕망에 불과합니다. 이를테면 학교에서 서로 경쟁시키고, 나아가 친구를 못되게 하려는 충동을 유발하는 내신 등급제를 내버려두면서 친구하고 사이좋게 친하게 지내는 상생은 불가능합니다.

상생(相生)의 과정을 살펴본다면 먼저 상부상조(相扶相助)가 있습니다.

상부상조는 옛날 농촌에서 개인적으로 해결하기 어려운 일들을 처리하기 위해 상호협력을 목적으로 조직된 두레가 대표적입니다. 모내기할 때 서로 도와서 일하는데, 이때 먼저 자신 앞에 모를 심고 나서 옆 사람이 미처 심지 못하는 부분을 도와주는 부조(扶助)입니다. 길흉사가 있을 때 서로 돕는 부조의 특징은 먼저 내 것을 하고 남는 힘으로 남을 돕는다는 점입니다.

그다음이 해원상생인데, 어머니가 자신이 무거운 짐을 머리에 이고 힘든 상황인데도 아기를 따스한 사랑으로 돌보는 자모지정(慈母之情)입니다.

그다음 단계는 보은상생(報恩相生)인데, 이는 자신이 존재하는 데 은혜를 입은 대상에게 보은하는 활동입니다. 인간은 홀로 존재할 수 없으며, 부모·사회·국가·천지의 은혜에서 살아가고 있습니다. 세상을 체험하게 해주는 몸, 밟고 있는 땅, 마시는 공기, 낳아주고 길러준 부모, 공동체인 국가 덕에 우리가 존재할 수 있으므로 감사하는 마음으로 보답하는 것입니다.

해원상생이 조건 없이 도움되는 내리사랑이지만, 보은상생은 보살핌이나 일반적인 도움이 필요하지 않을지라도 은혜를 입은 대상이 잘 되도록 보답하는 치사랑입니다. 진정한 효가 형식적이 아니라 부모의 뜻을 살펴서 보답하는 것이듯이, 보은상생도 상대가 진짜 바라는 도움이 무엇인지 고려해서 도와줌으로써 상대의 짐을 알맞게 덜어주는 방식입니다.

그러므로 해원상생에는 타인을 사랑하는 인(仁)이 도움되지만, 보은상생에는 자신을 사랑하는 의(義)가 도움되므로 부모나 사회(직장상사), 국가(정치인)에 대해 적중하는 고언(苦言)을 서슴지 말아야 합니다. 그런데 자신이 받은 것을 되돌려줌으로써 상대에게 보답할 때 의무감으로 무조건 돌려주는 것이 문제가 됩니다. 여기에 정의(正義 justice)가 대두합니다.

이를테면 소크라테스가 통찰했듯이 자신이 도움받은 이가 적이라면 우리에게 해가 되더라도 상대가 원하는 대로 돌려줄 것인가, 자신에게 해를 끼친 이에게 보복으로 해를 돌려줄 것인가 같은 쉽지 않은 문제가 발생합니다.

조직에 속한 대다수 사람이 국민(고객)을 위한 선택을 할까 아니면 인사권을 쥐고 있는 윗사람(상관)의 말을 들을까 이런 딜레마에 있습니다. 그래서 실제로는 단순히 자신의 생존을 위해 상관의 불합리한 지시를 따르면서 국민에게 불편을 주고 있으면서도, 자신은 국민을 위하고 있다고 정당화합니다.

돈을 위한 인간이 아니라 인간의 편의를 위해 돈이 있듯이, 안식일을 위한 인간이 아니라 인간을 위한 안식일이듯이, 도(道)를 위한 인간이 아니라 인간을 위한 도(道)이듯이, 하느님을 위한 인간이 아니라 인간이 포함된 만물을 위한 하느님입니다. 그러므로 국민을 위한 대통령, 자녀를 위한 부모, 학생을 위한 학교, 직원을 위한 사장이 돼야 합니다.

그리고 마지막 단계는 상호이해(相互理解)로써 서로 통정심이 되고 천지와 하나 되는 존재상태를 말합니다.

제(齊)나라 선왕(宣王)이 이웃 나라와 관계 맺는 방법을 묻자 맹자는 유인자위능이대사소(惟仁者爲能以大事小) 유지자위능이소사대(惟智者爲能以小事大), 즉 '오직 어진 사람만이 큰 나라로 작은 나라를 섬길 수 있으며, 오직 지혜로운 사람만이 작은 나라로 큰 나라를 섬길 수 있다'고 하며 사소(事小)에 관해 말하면서 '큰 나라로 작은 나라를 섬기는 자는 천리(天理)를 즐기는 자요, 그런 자는 온 천하를 안정시킬 수 있다'고 말합니다.

'작은 것을 섬긴다'는 사소(事小)는 해원처럼 강자가 약자를 존중하고 배려하며 돌본다는 의미이고, 어진 사람만이 할 수 있으며 그럴 때 세계평화가 이루어진다고 합니다. 특히 소수 의견일지라도 무시하지 않는 사소(事小)에서 해원상생이 시작됩니다.

해원상생의 실천은 각자가 자신의 위치에서 어려운 일에 솔선수범(率先垂範)함으로써 몸소 본보기가 되는 것입니다. 솔선수범은 모범적인 사례를 만들어 남이 본받을 수 있도록 하는 것이므로 먼저 앞장서서 유익한 일을 함으로써 다른 사람들이 본받을 수 있도록 하는 것입니다.

그러려면 무자기(毋自欺)가 되어야 합니다. 자신을 속이지 않고 양심의 소리에 귀 기울일 때 타인의 시선에 의식하지 않음으로써 남모르는 덕(德)을 쌓을 수 있습니다.

사람에게는 누구나 평화를 사랑하고 생명을 귀하게 여기는 양심이 있습니다. 해원상생은 사람들로 하여금 양심을 일깨워서 마음을 더욱 건강하게 하고, 양심을 살려내서 모든 생명을 존중하는 상생사회를 구현하고 화평한 세상을 실현하게 하며, 양심을 실천하게 해서 탐진치(貪瞋痴)에서 벗어나도록 무도병을 치유해주는 방법이자 진리입니다.

천부인(天符印)을 지닌 환웅께서 개천(開天), 즉 하늘을 열고 이 땅에 와서 이화세계인 신시(神市)를 건설할 때 핵심사상이 바로 '홍익인간'이었듯이, 삼계대권을 지닌 증산 상제께서 개벽(開闢), 즉 이 땅에 와서 하늘을 뜯어고쳐서 후천세계인 지상천국을 건설할 때 핵심사상이 바로 '해원상생(解寃相生)'입니다.